BYE
BYE

PAPER

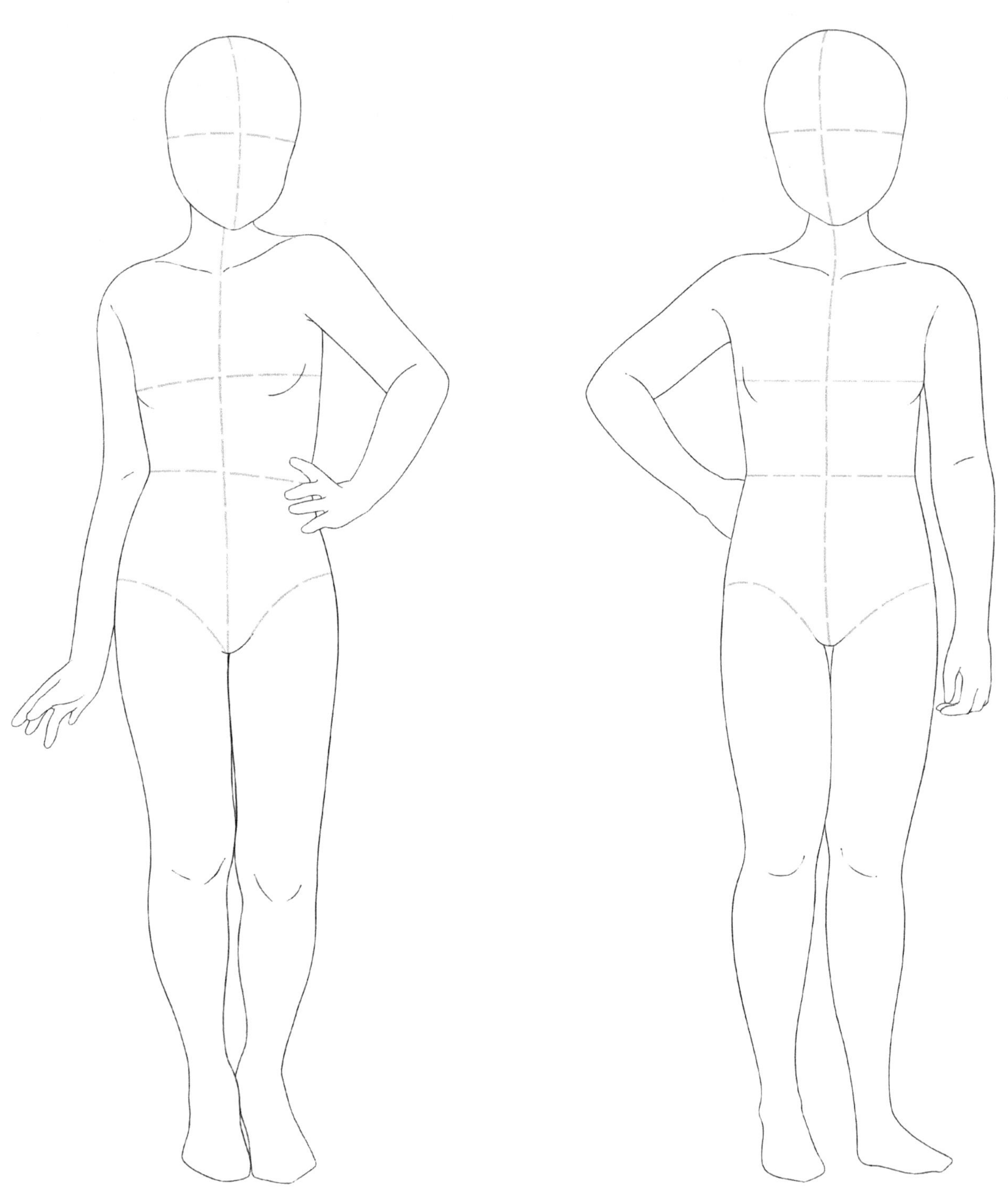

GIRL'S FASHION FIGURINE  | 3-5 YEARS

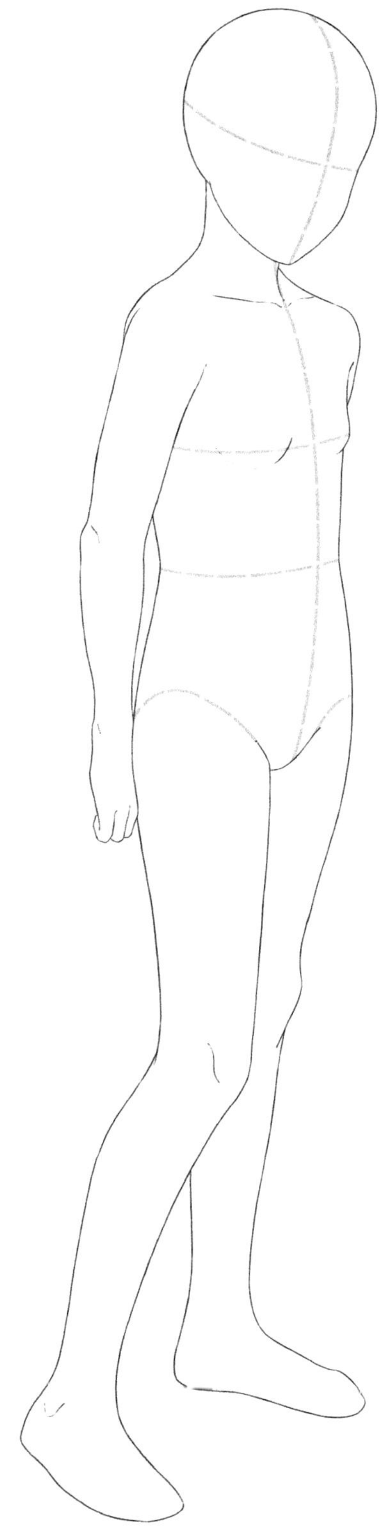 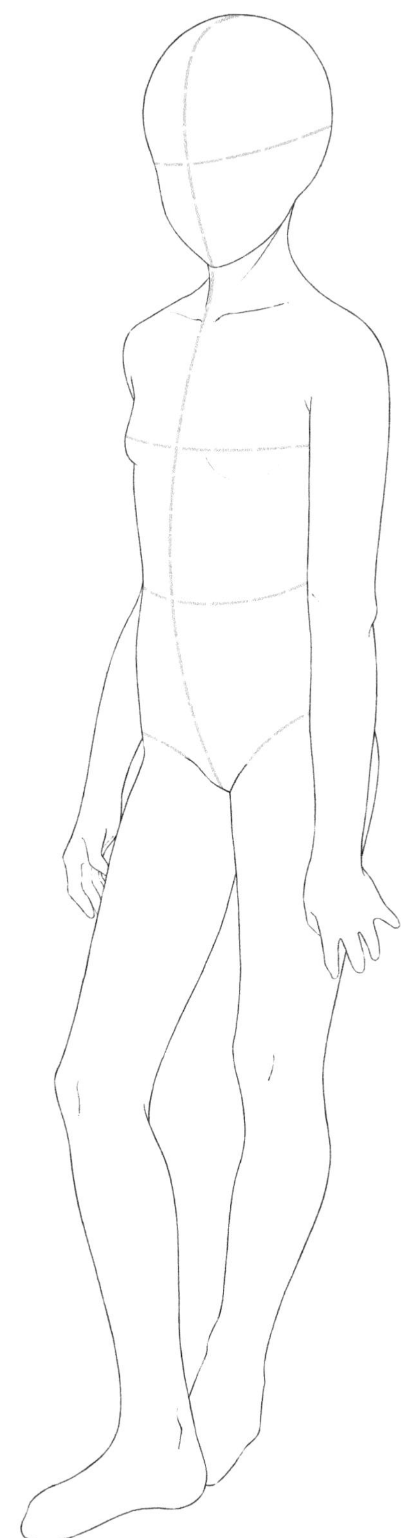

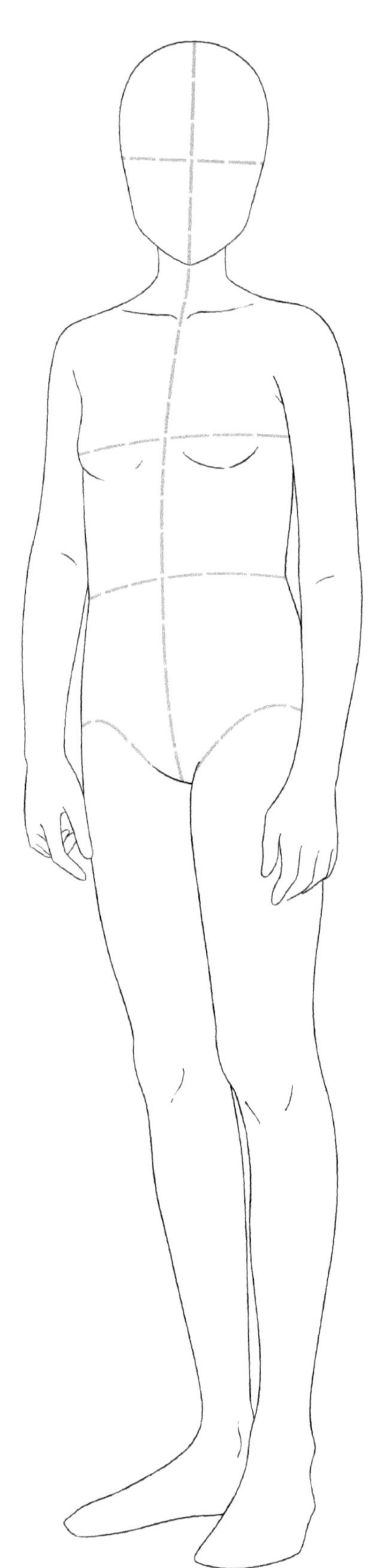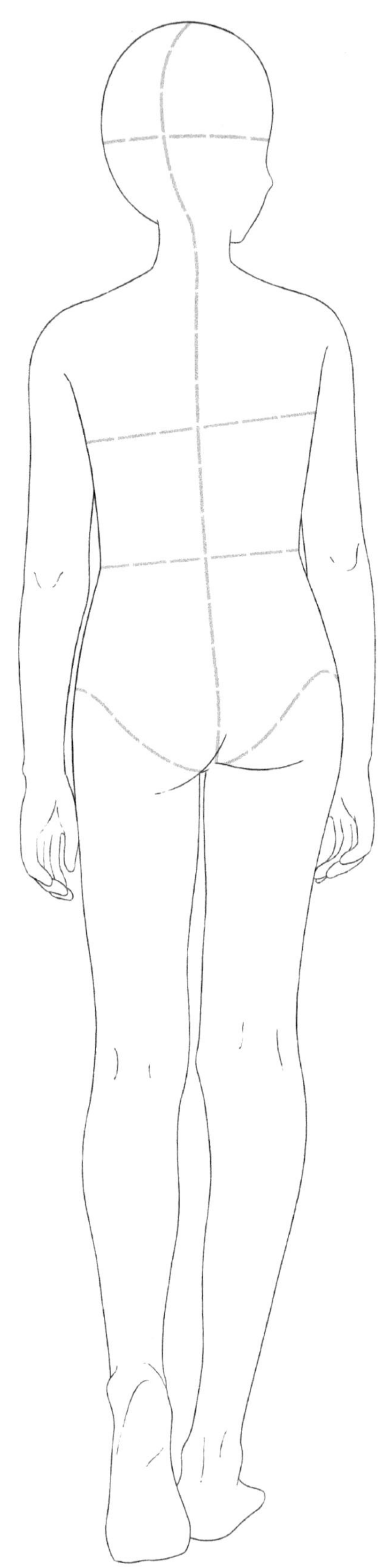

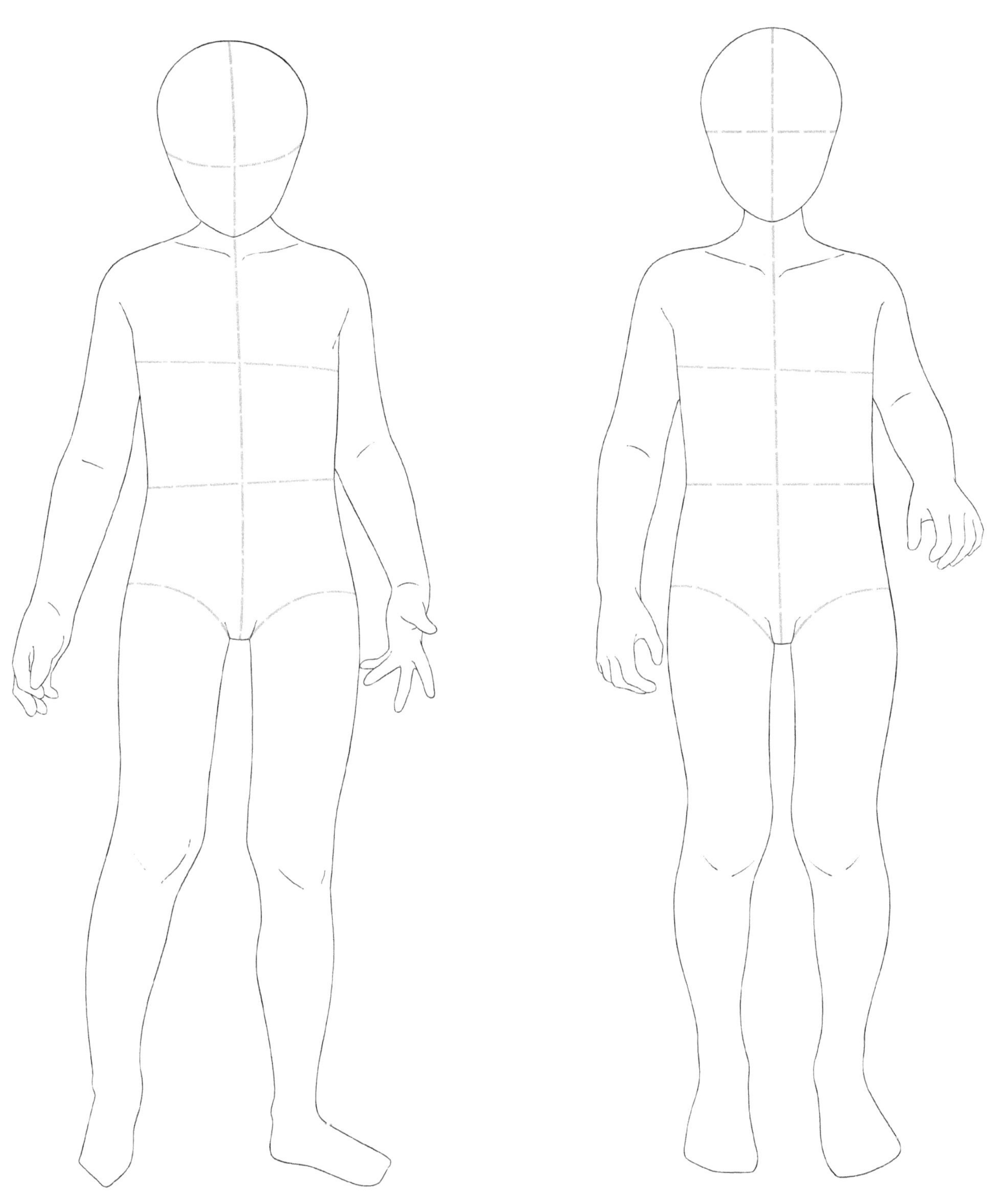

BOY'S FASHION FIGURINE | 3–5 YEARS

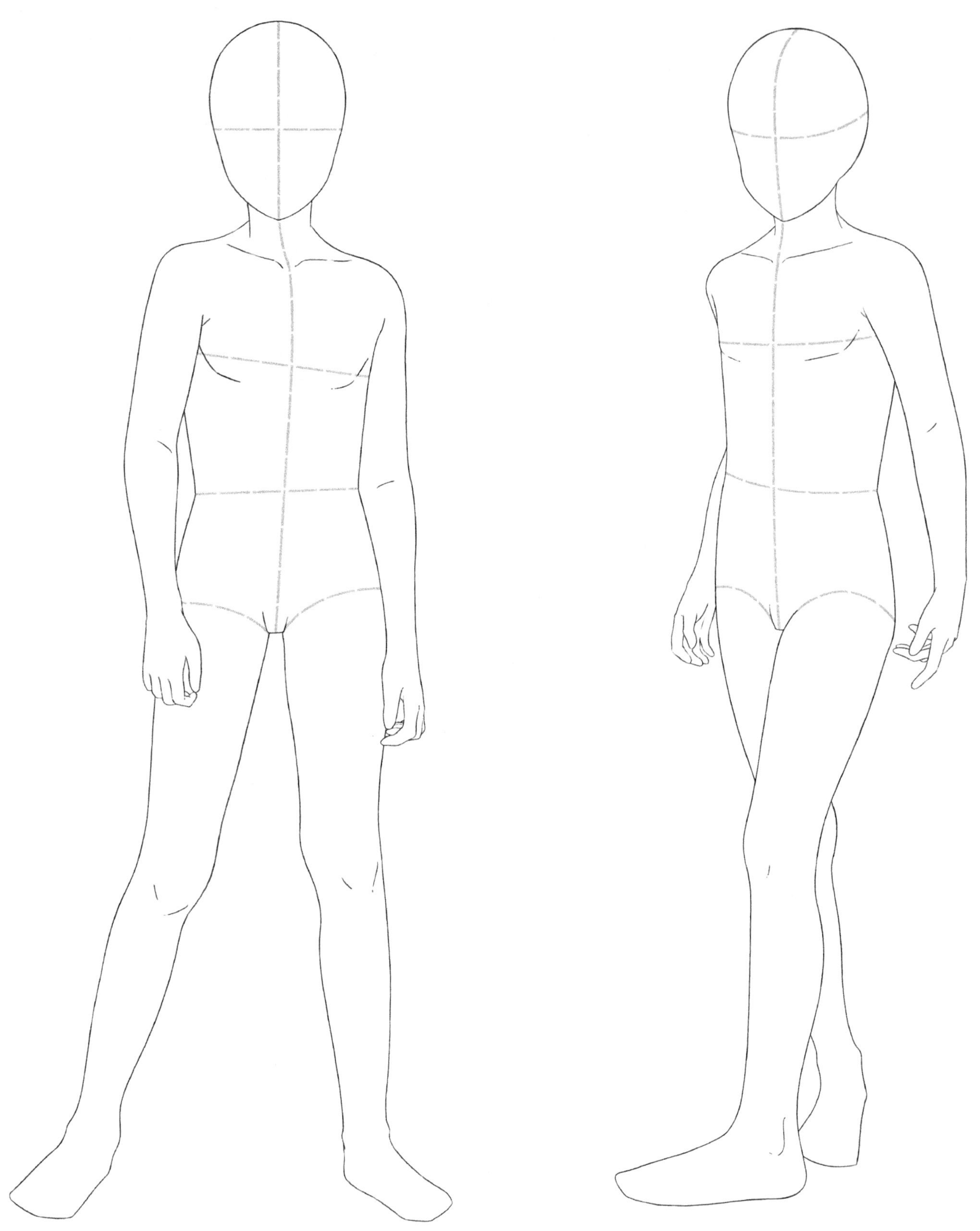

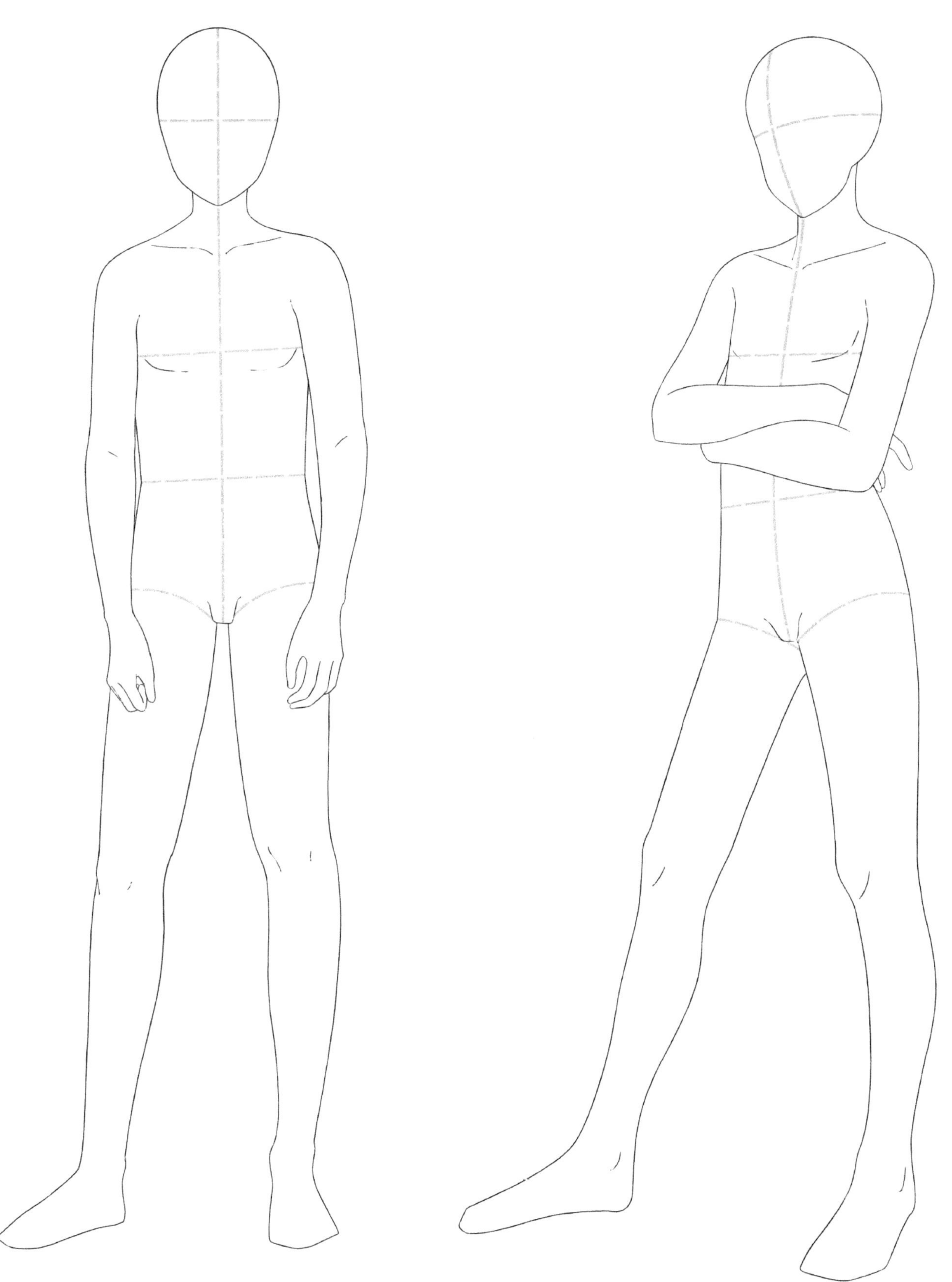

BOY'S FASHION FIGURINE | 9-12 YEARS

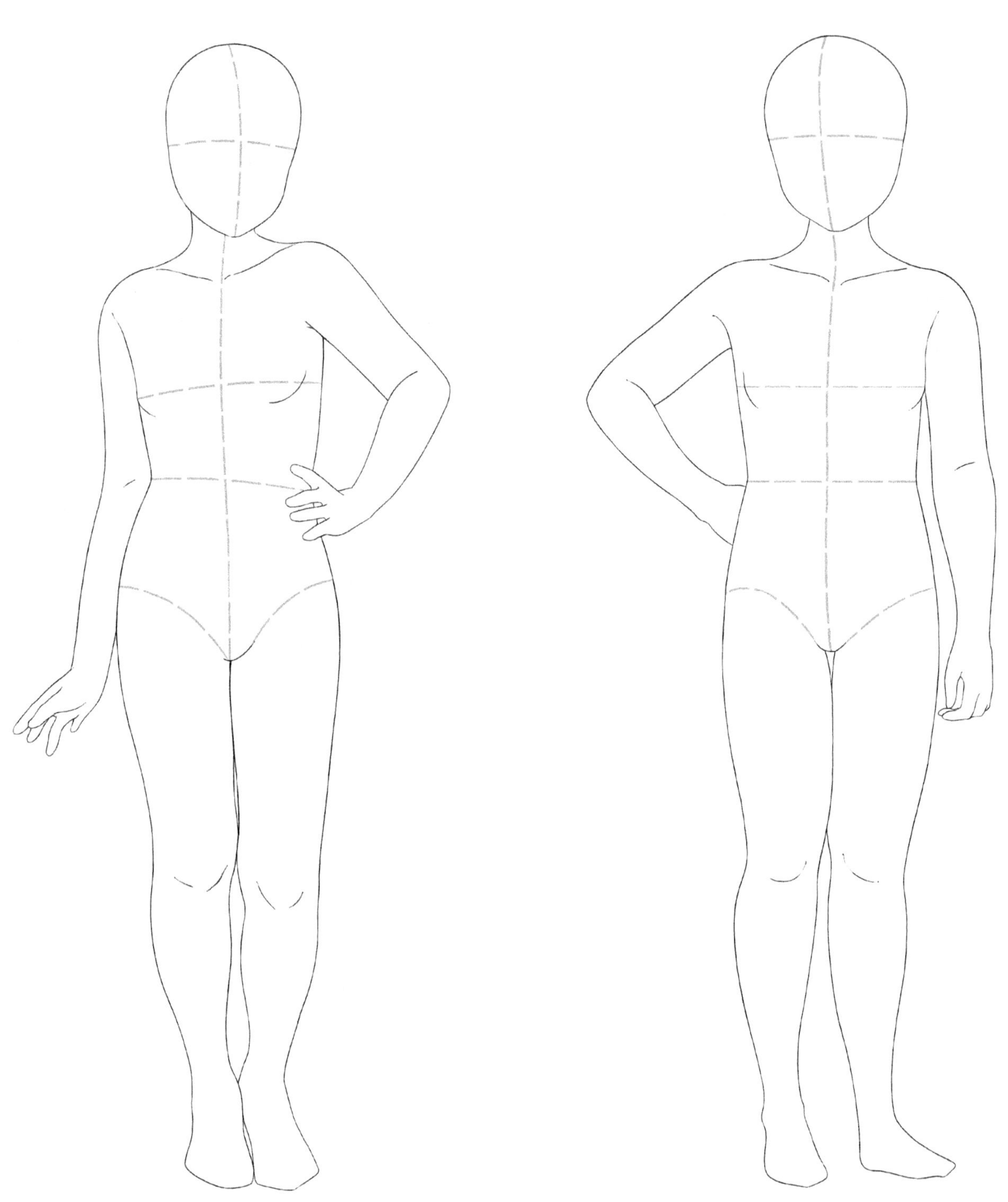

GIRL'S FASHION FIGURINE | 3-5 YEARS

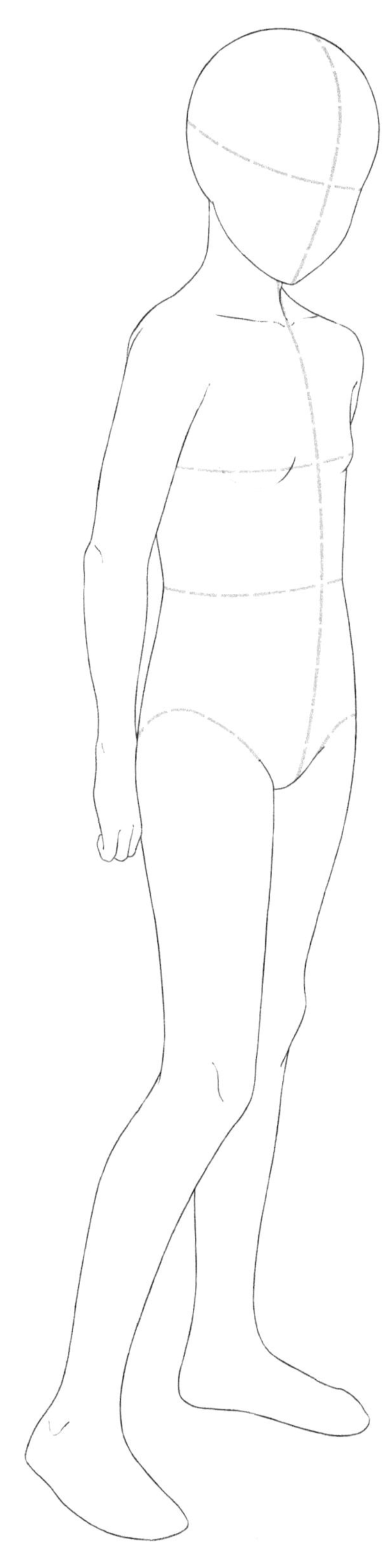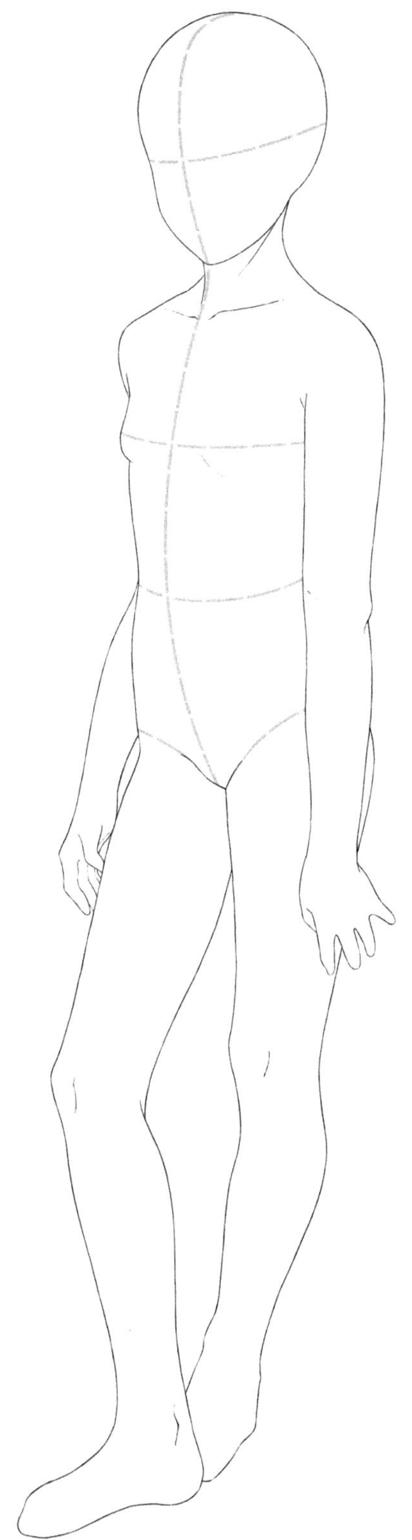

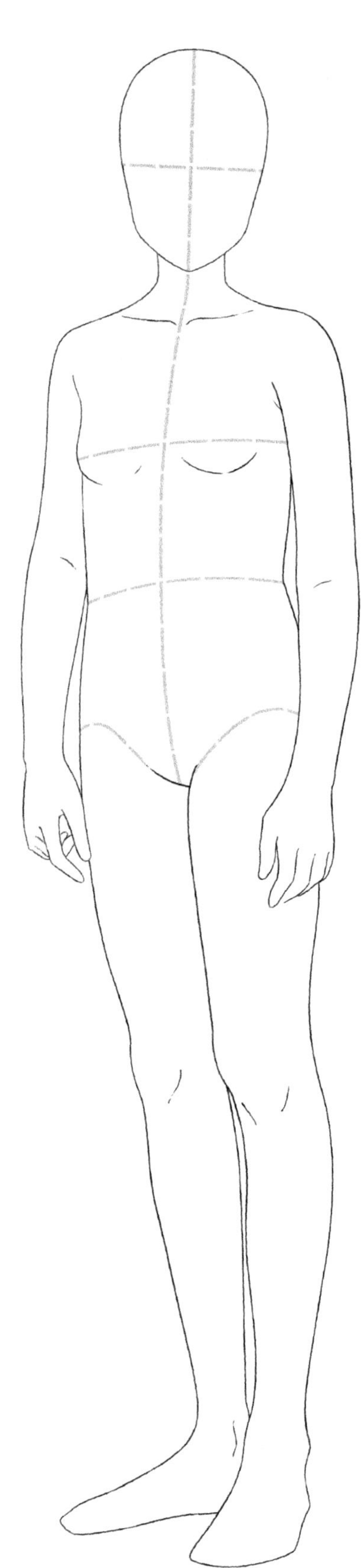
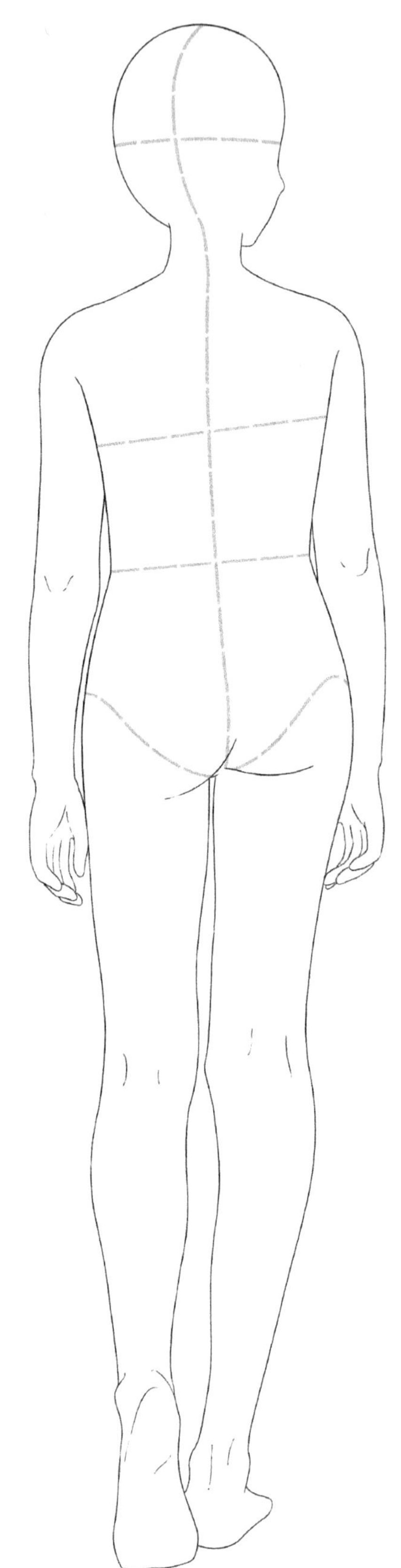

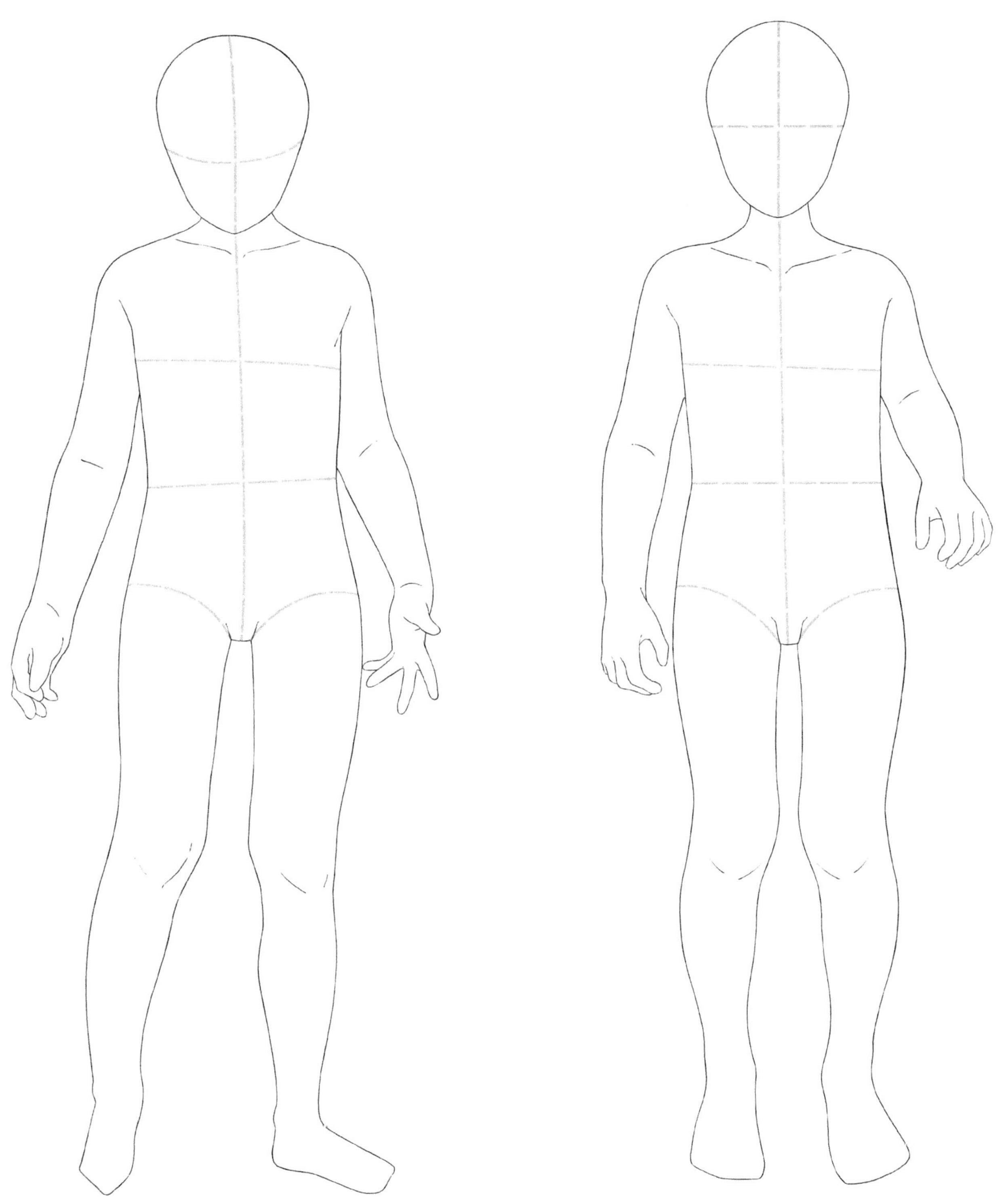

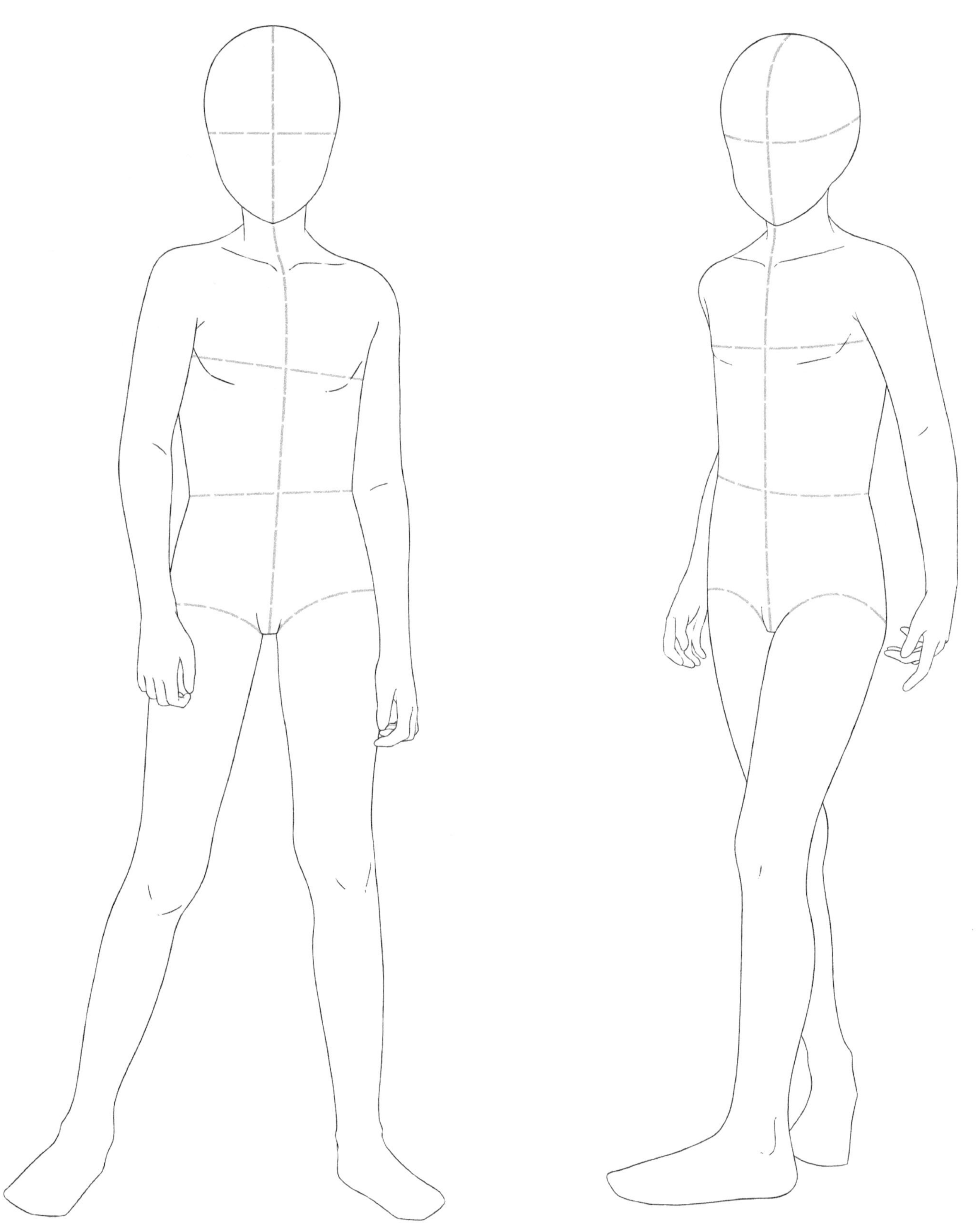

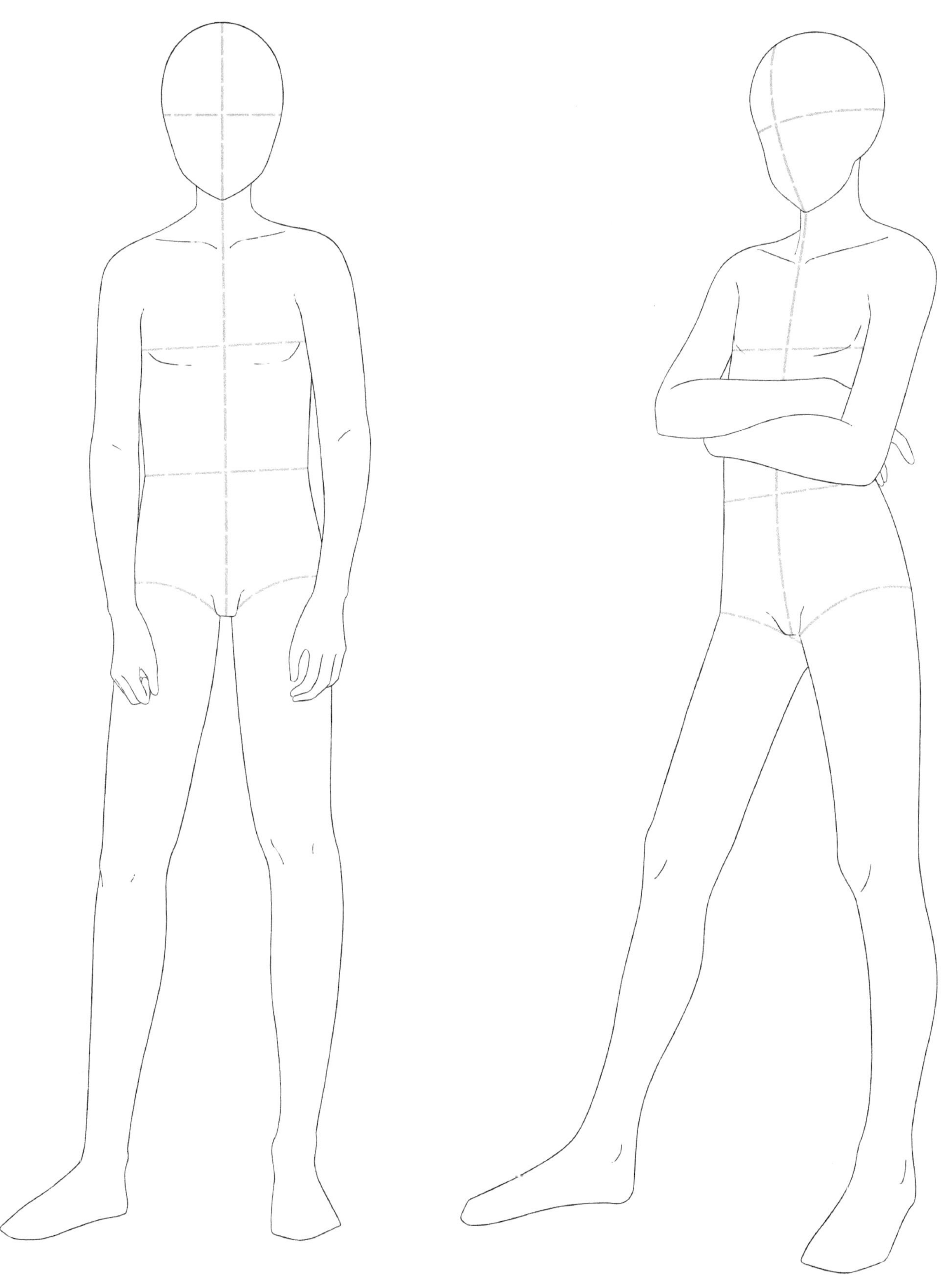

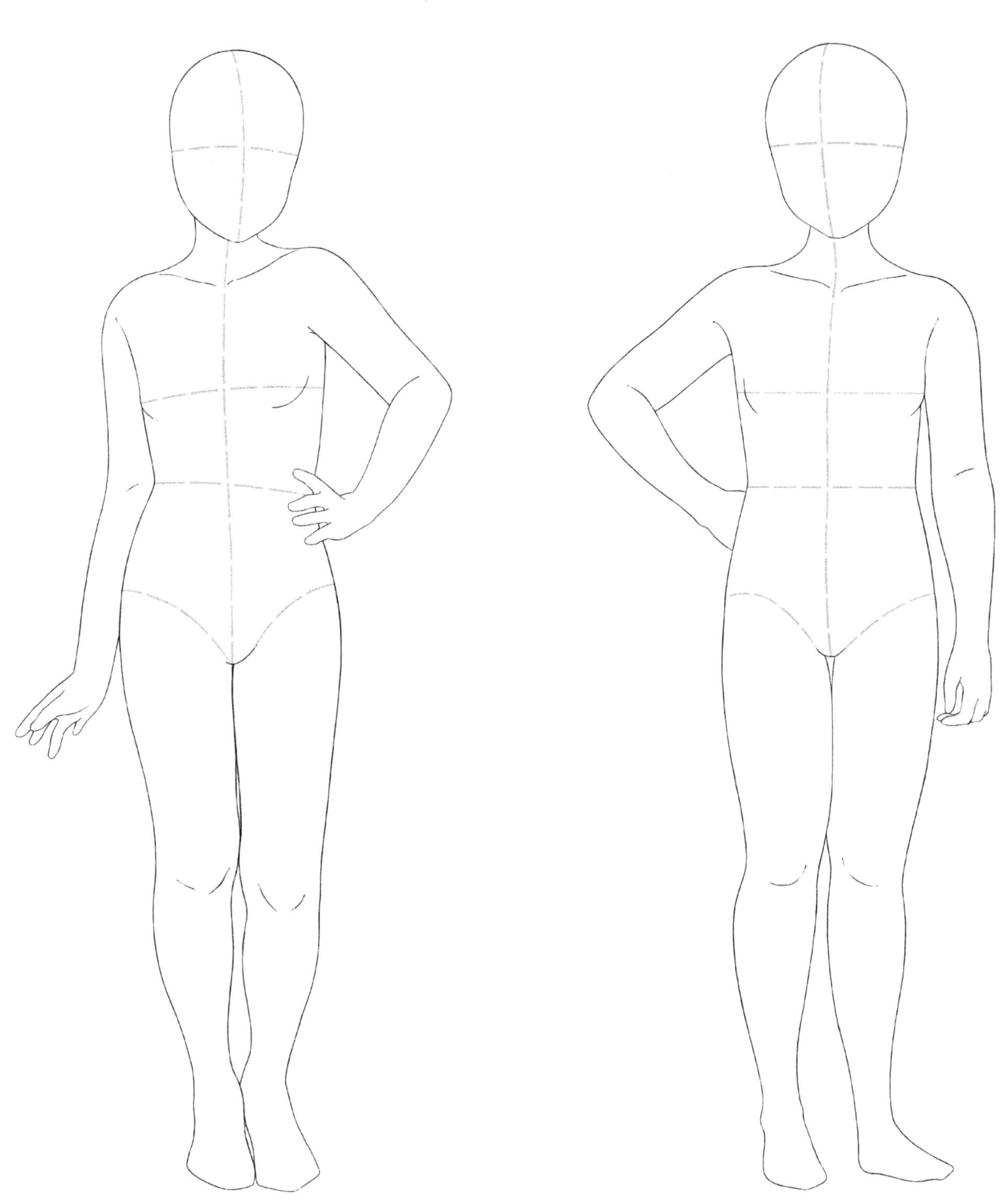

GIRL'S FASHION FIGURINE | 3-5 YEARS

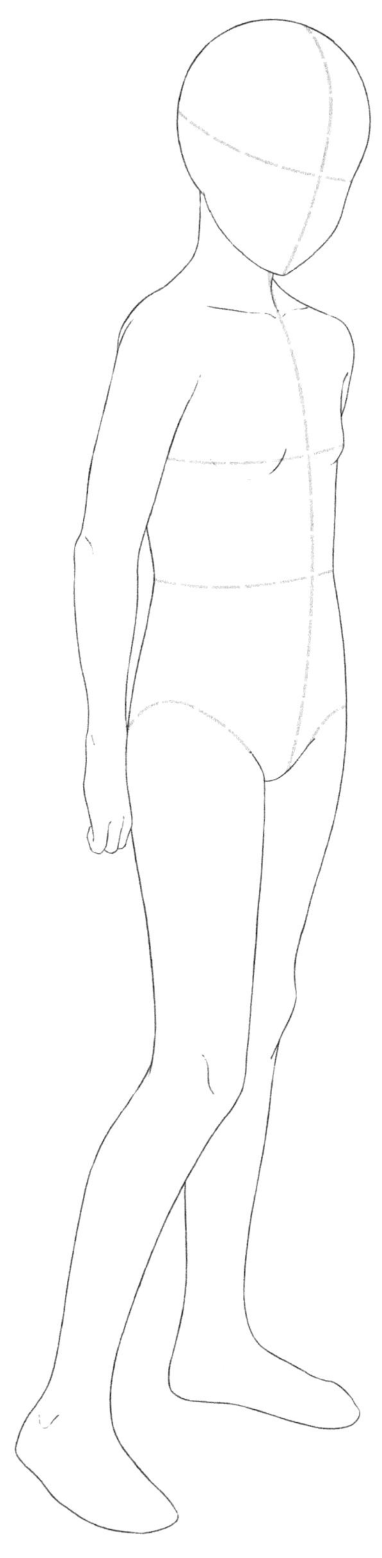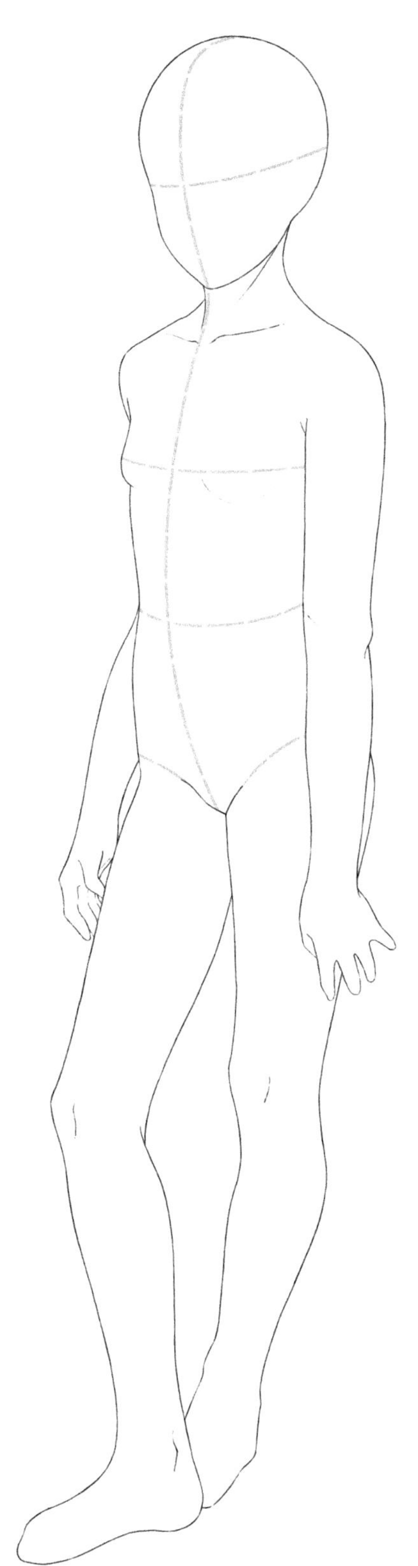

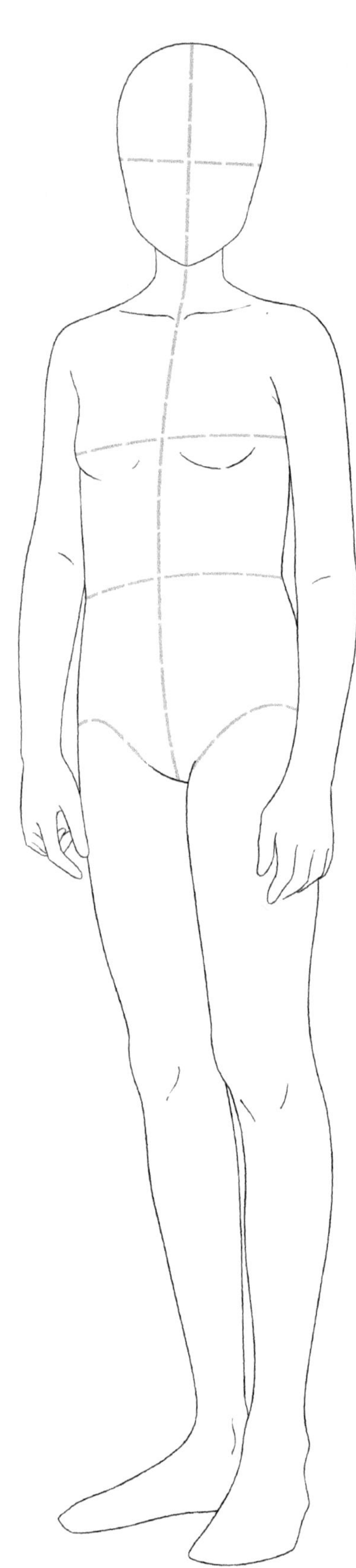
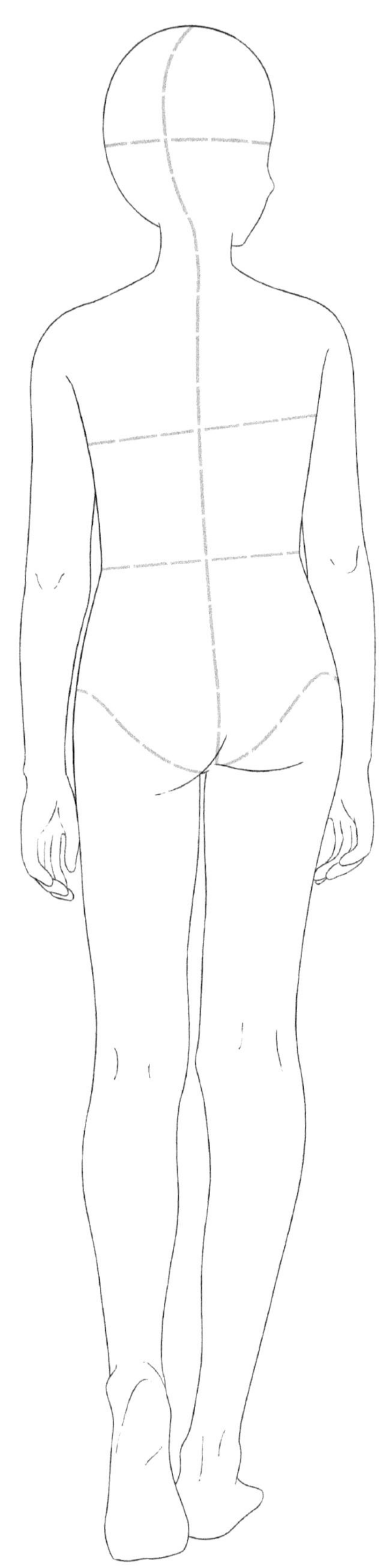

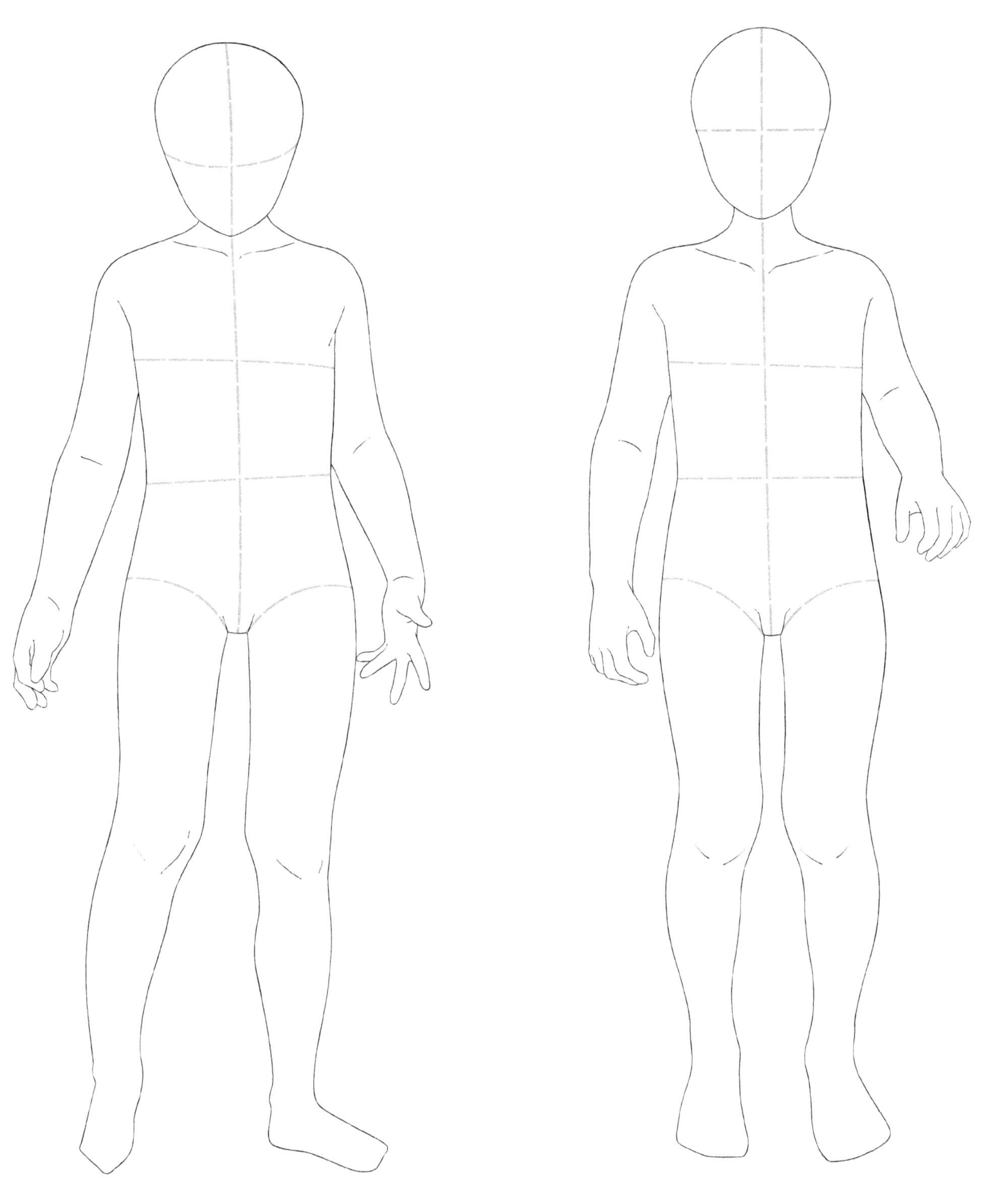

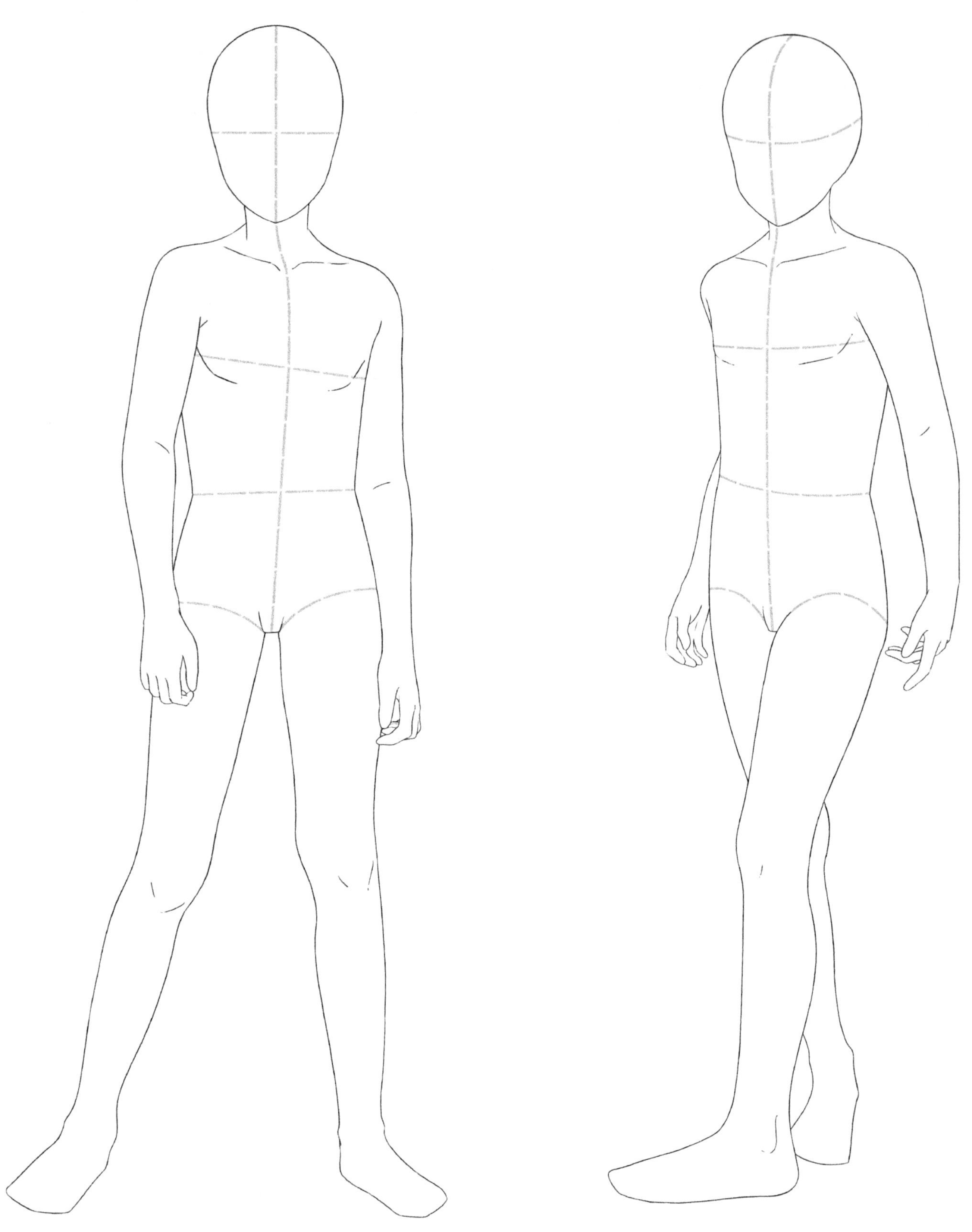

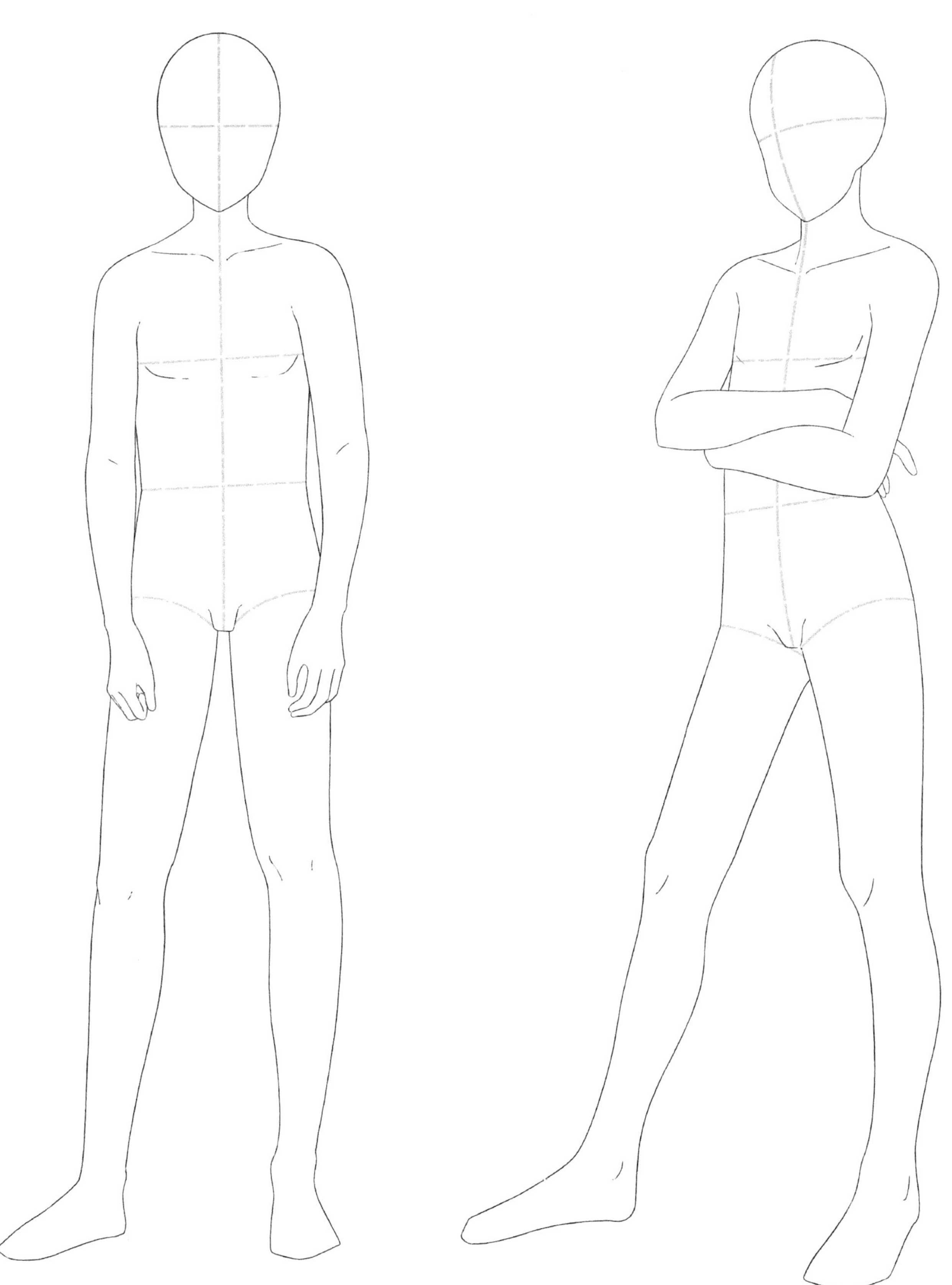

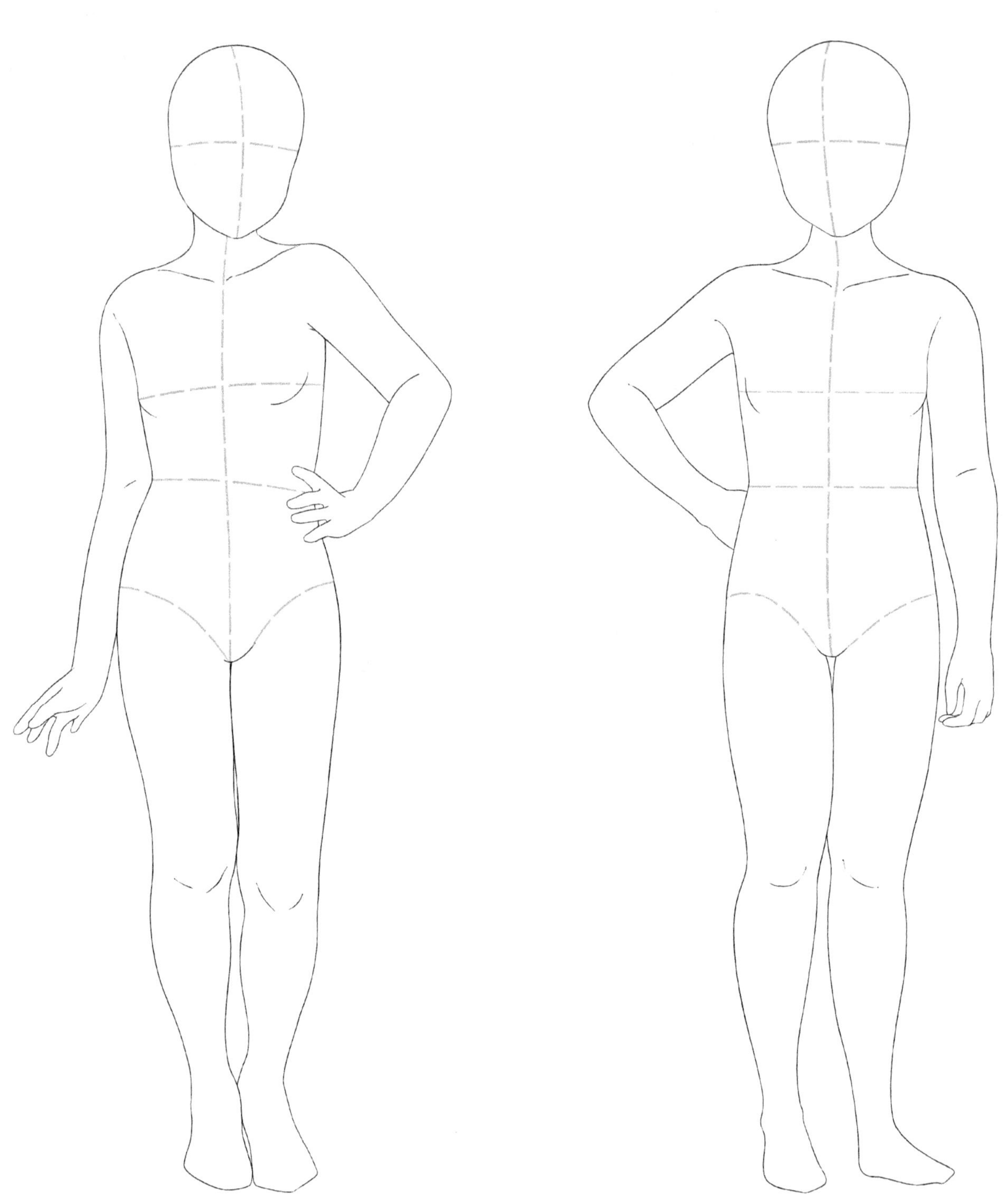

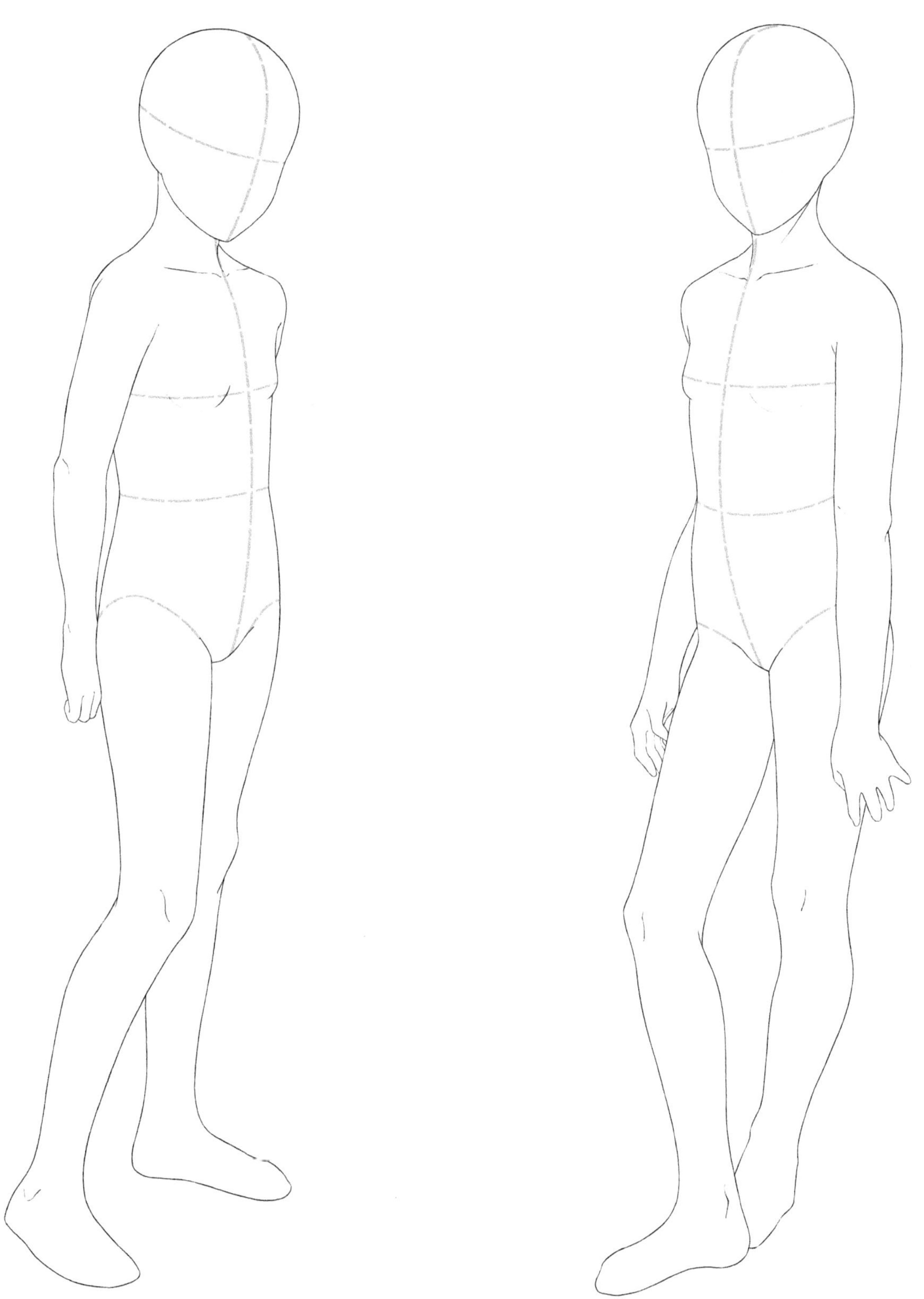

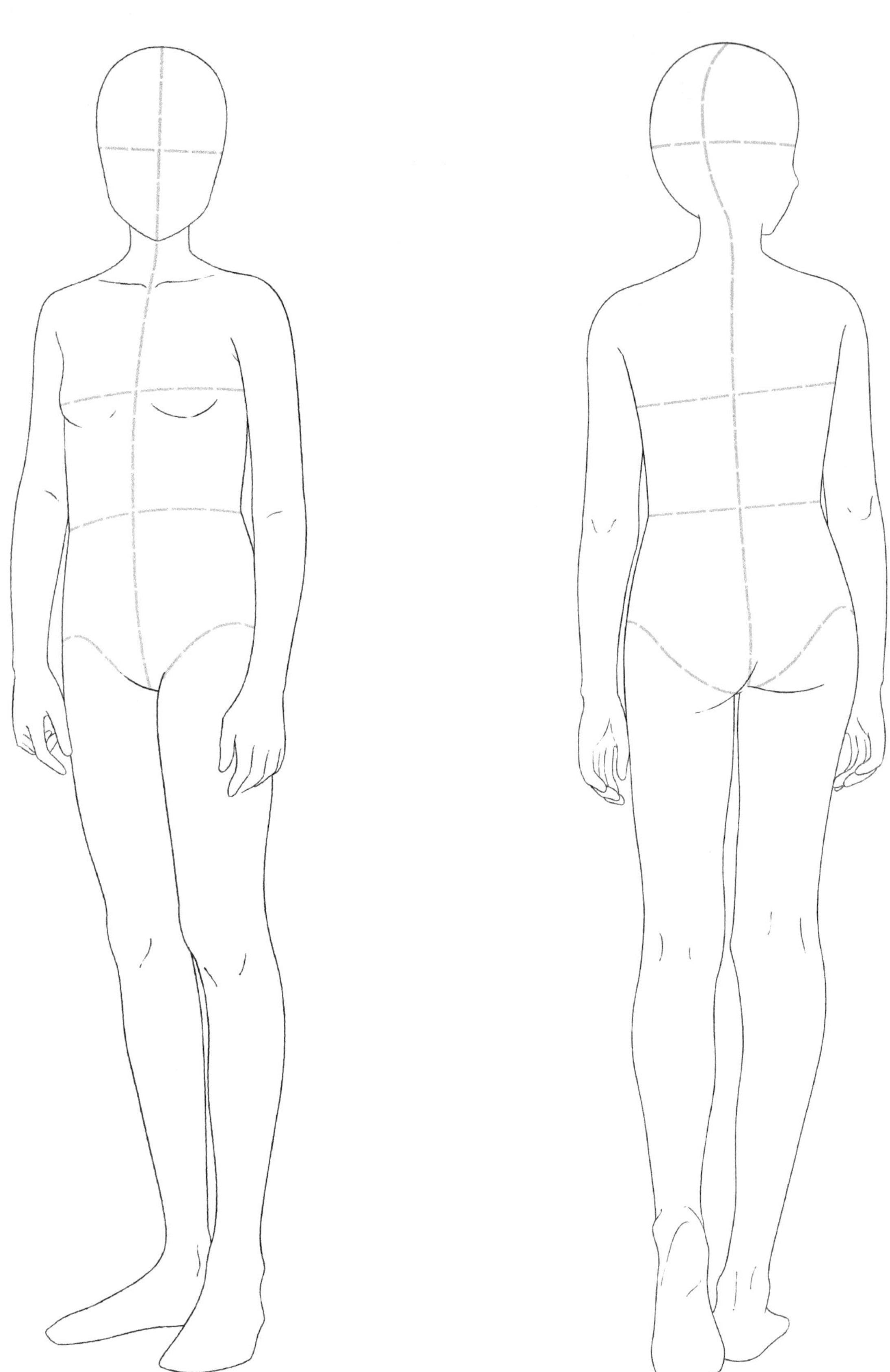

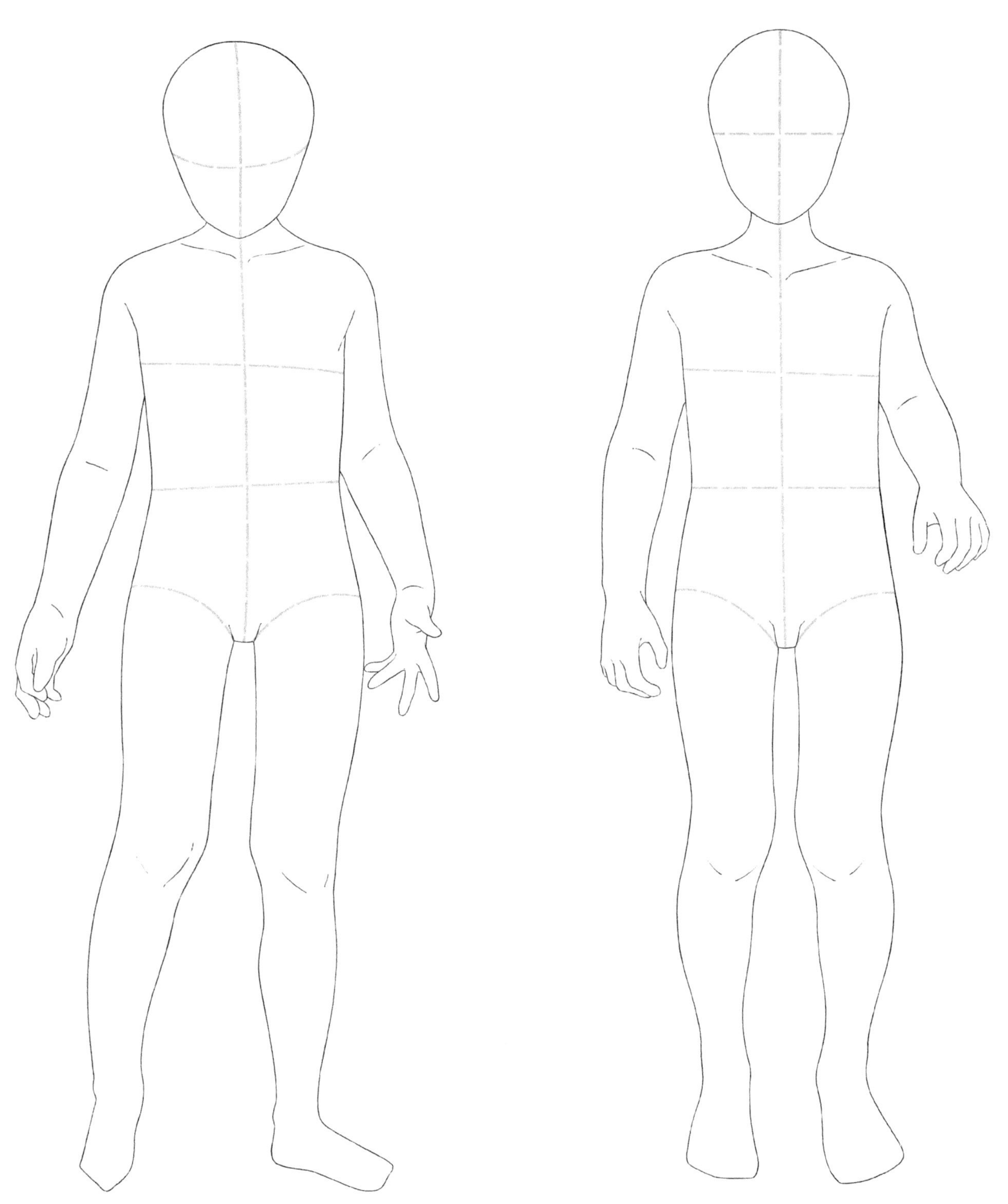

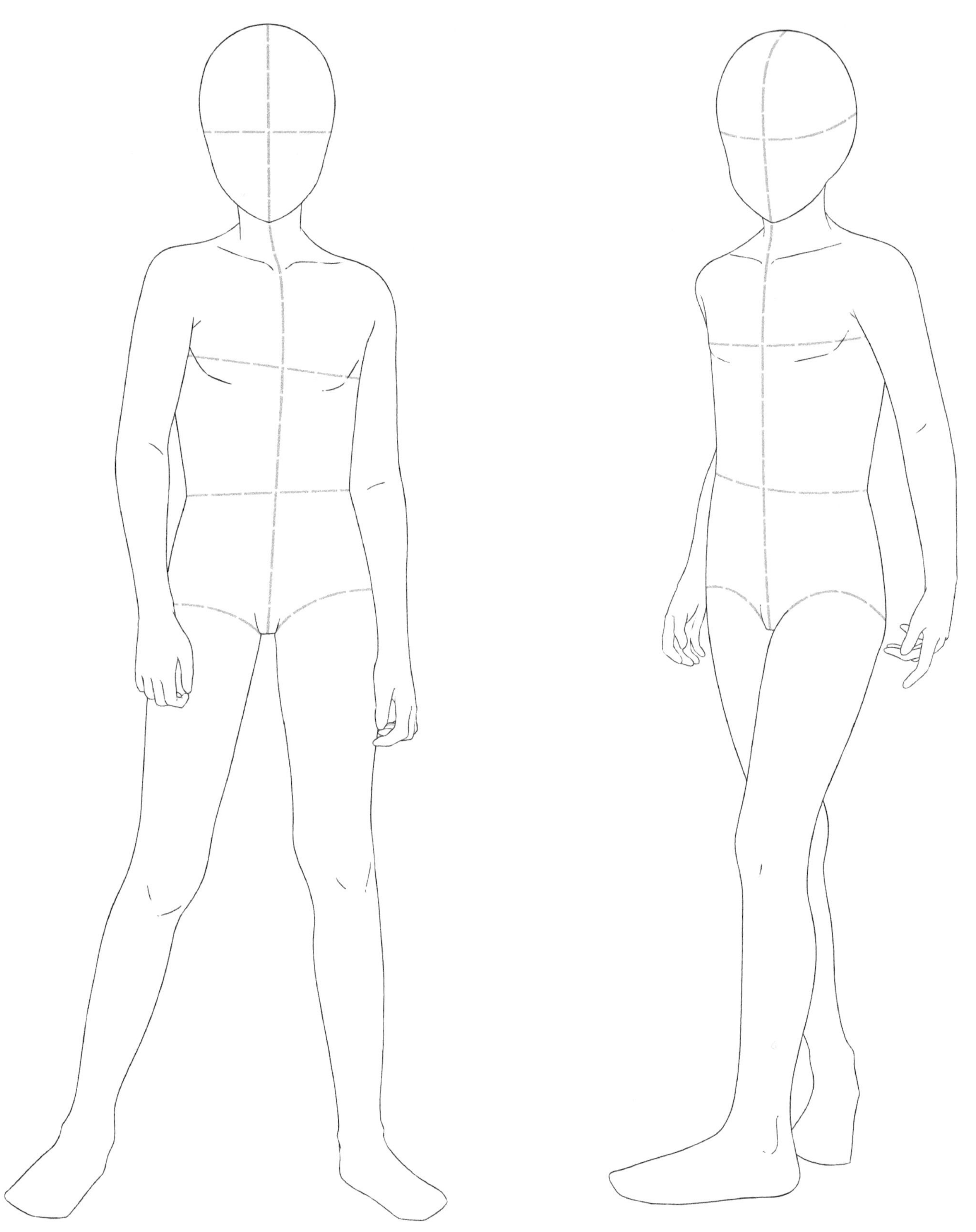

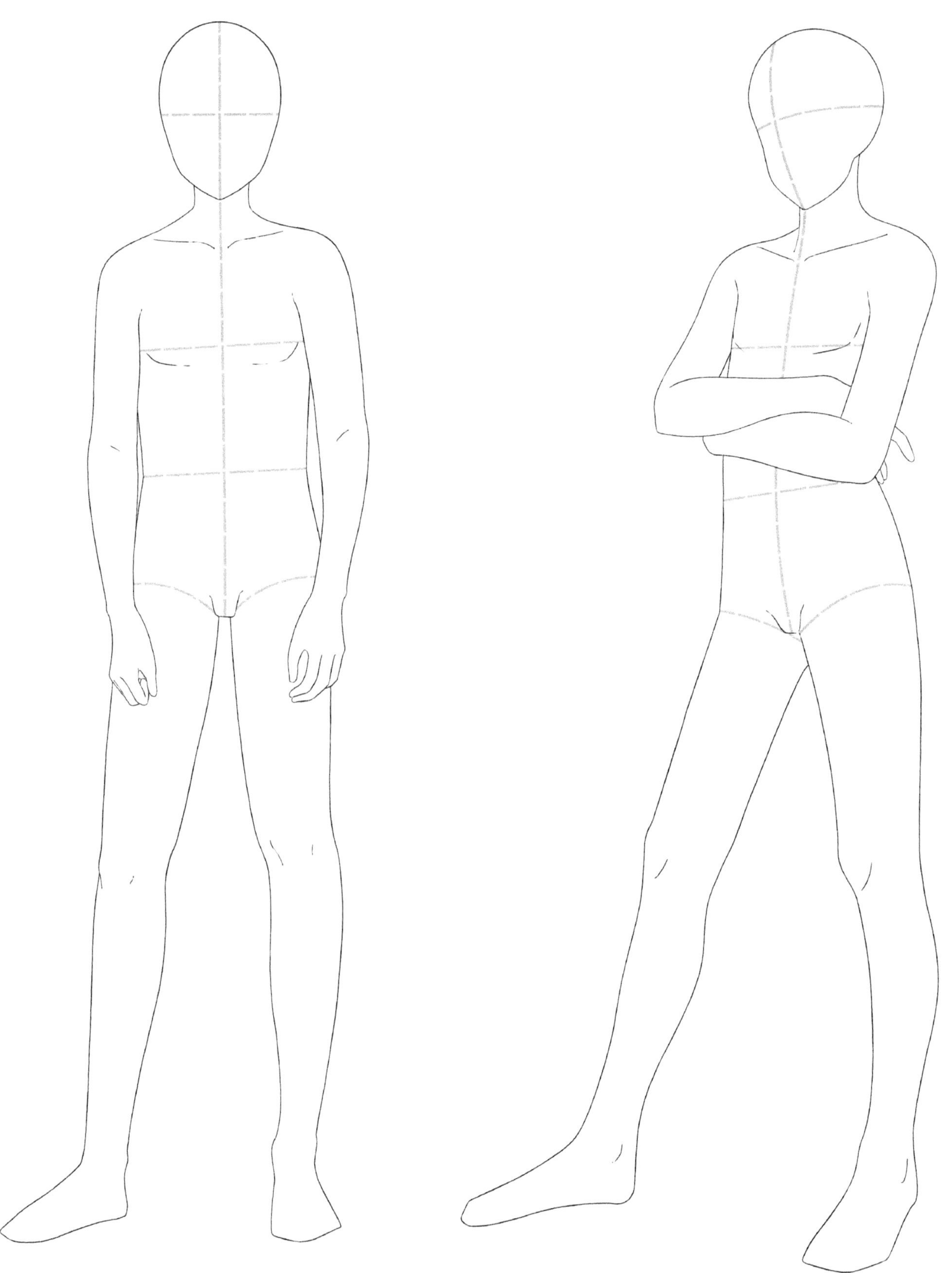

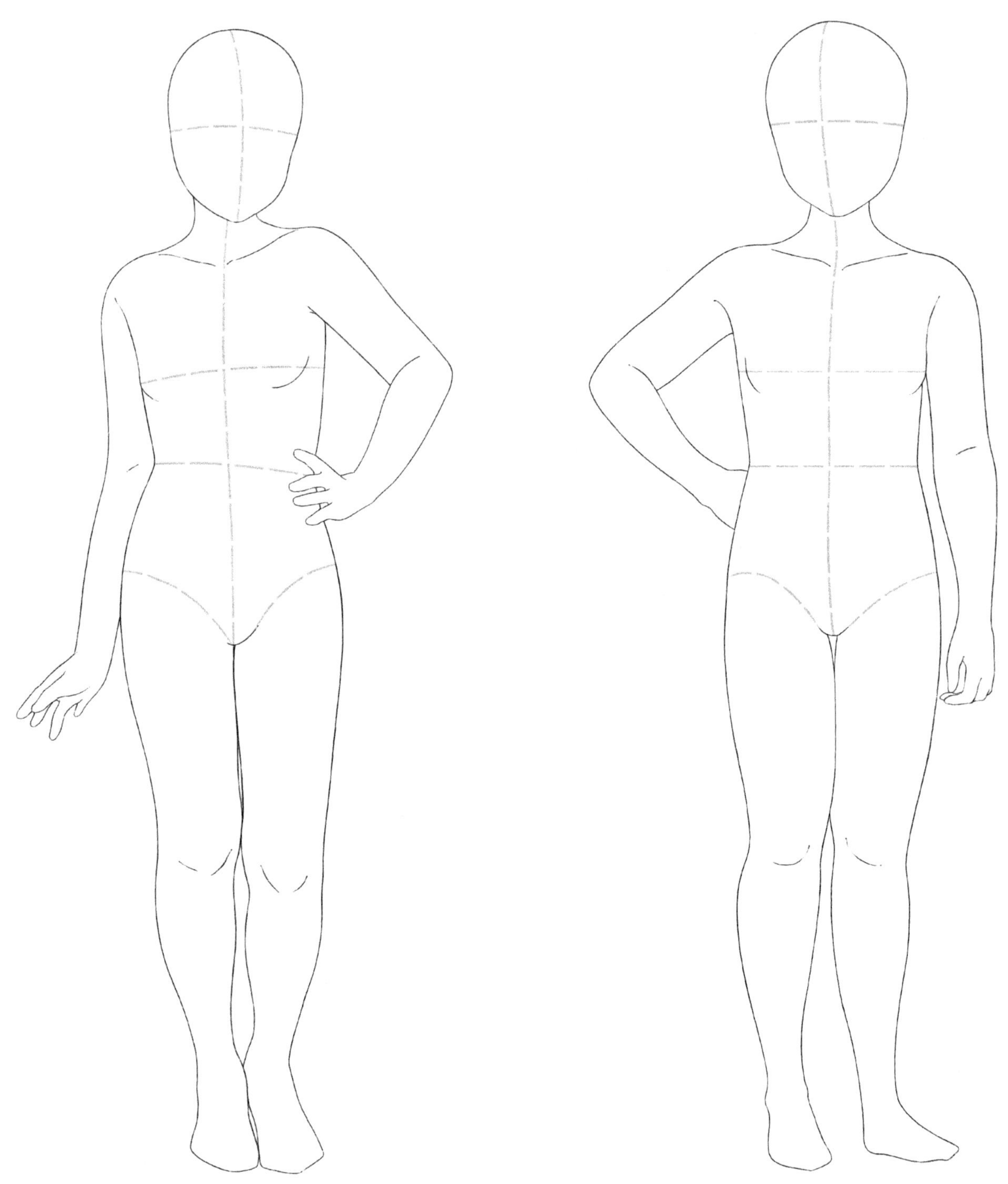

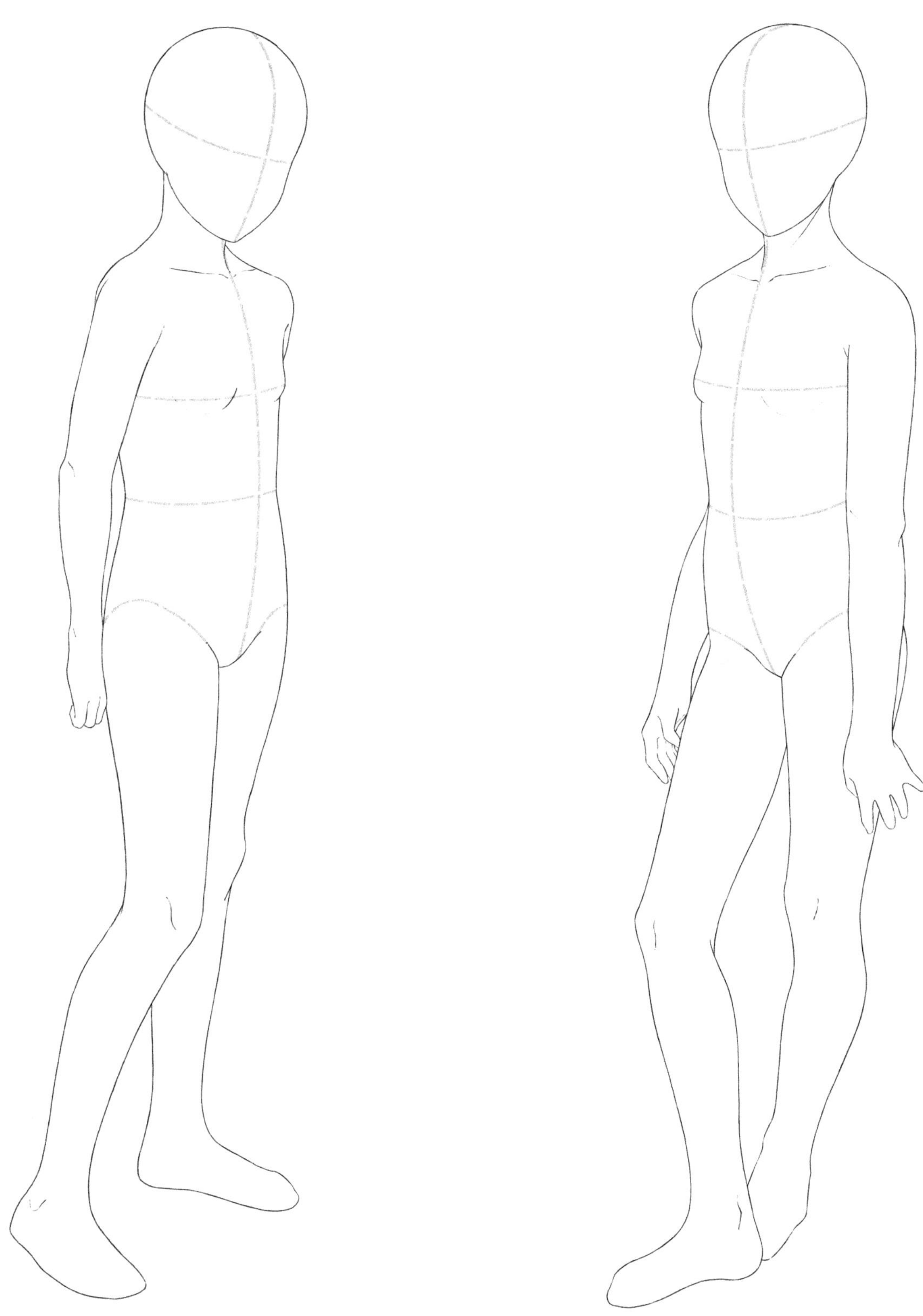

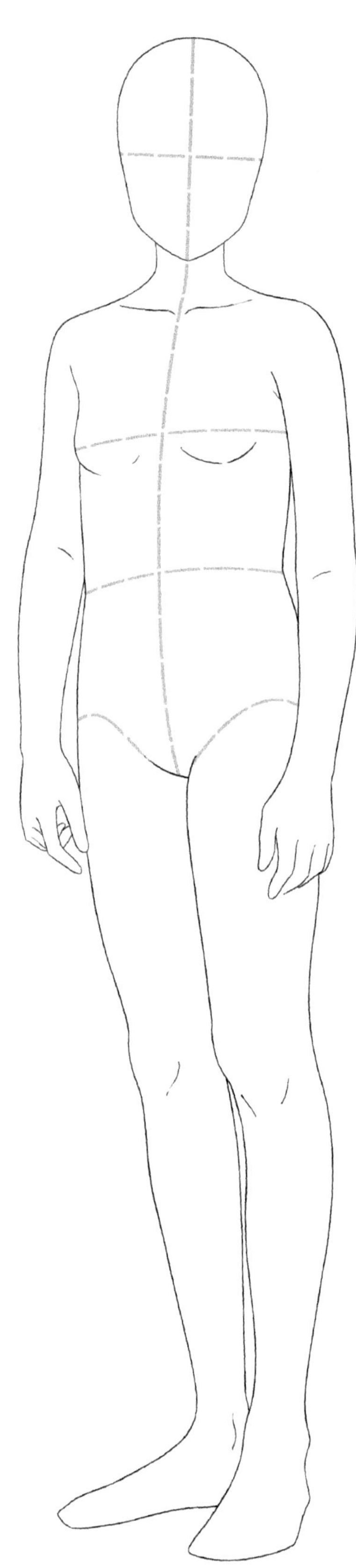
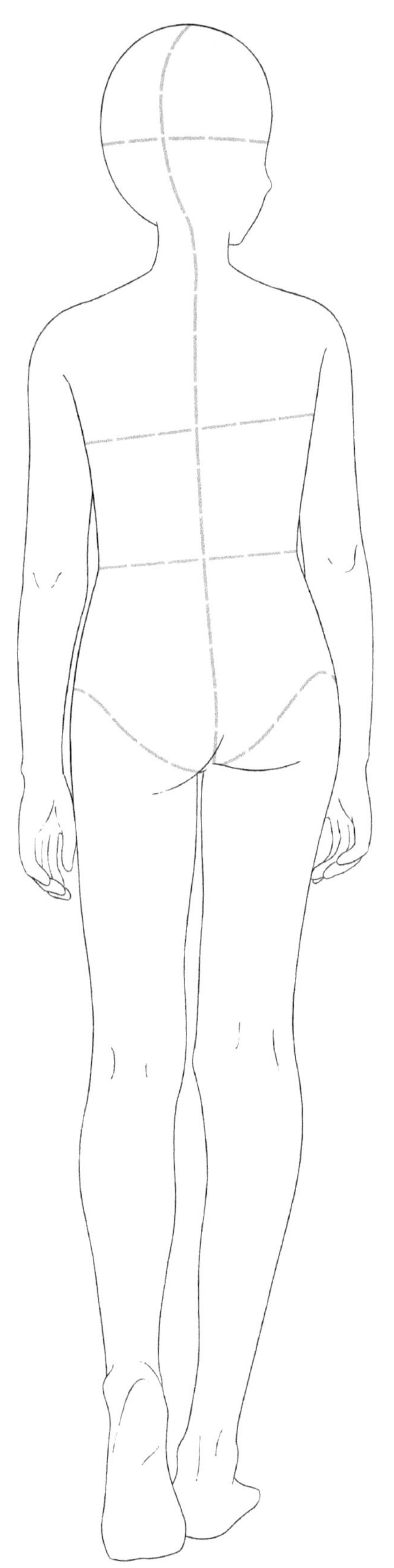

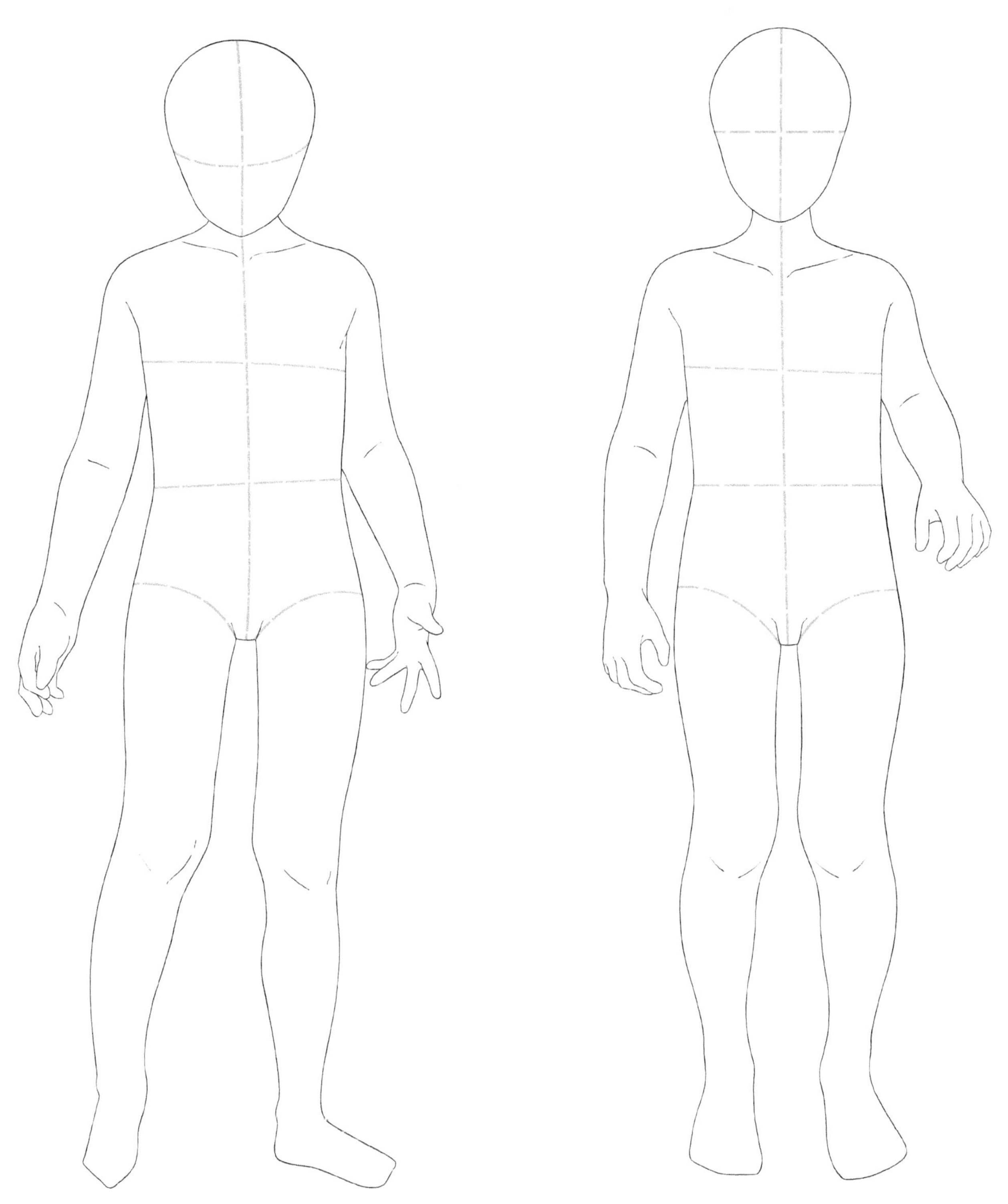

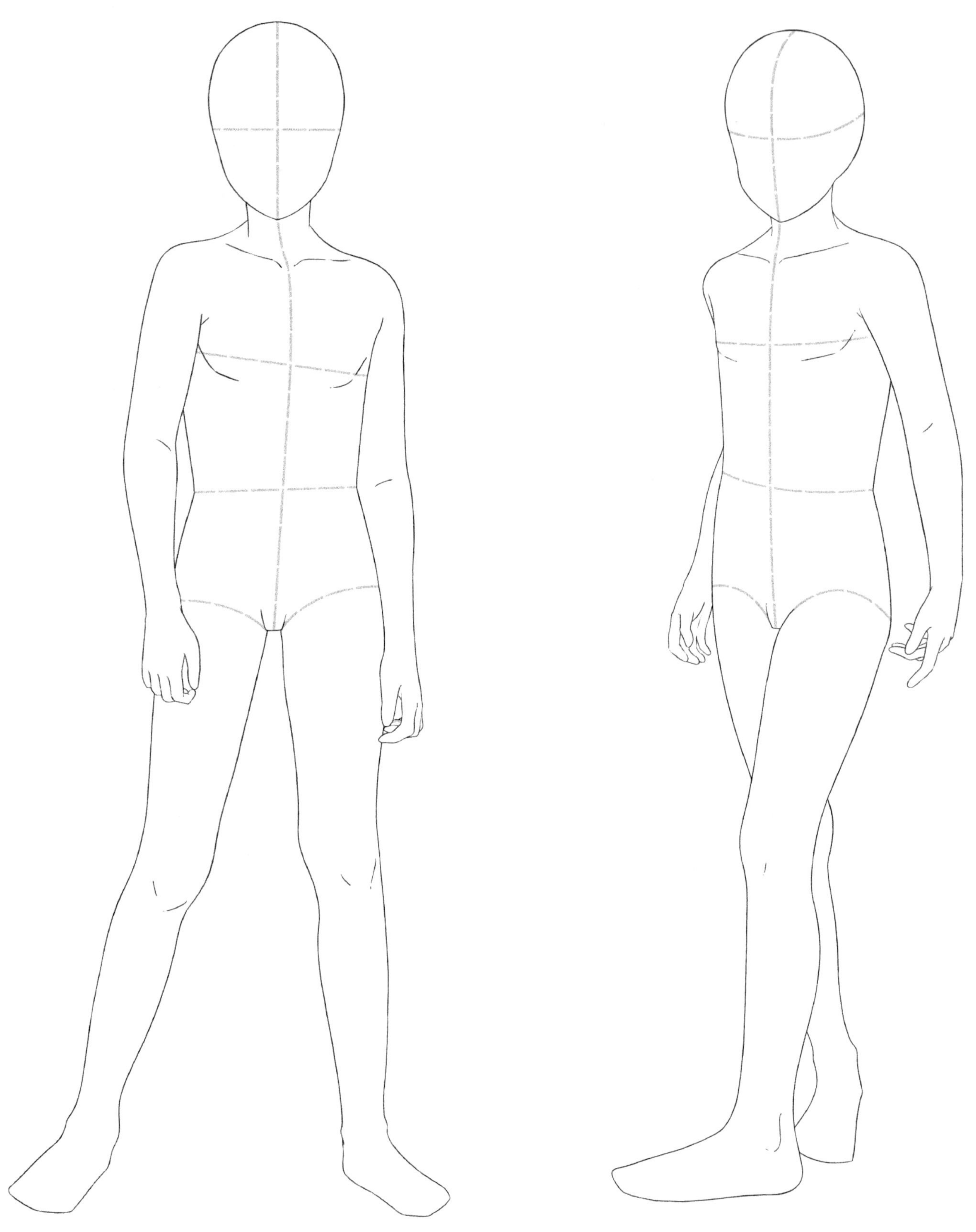

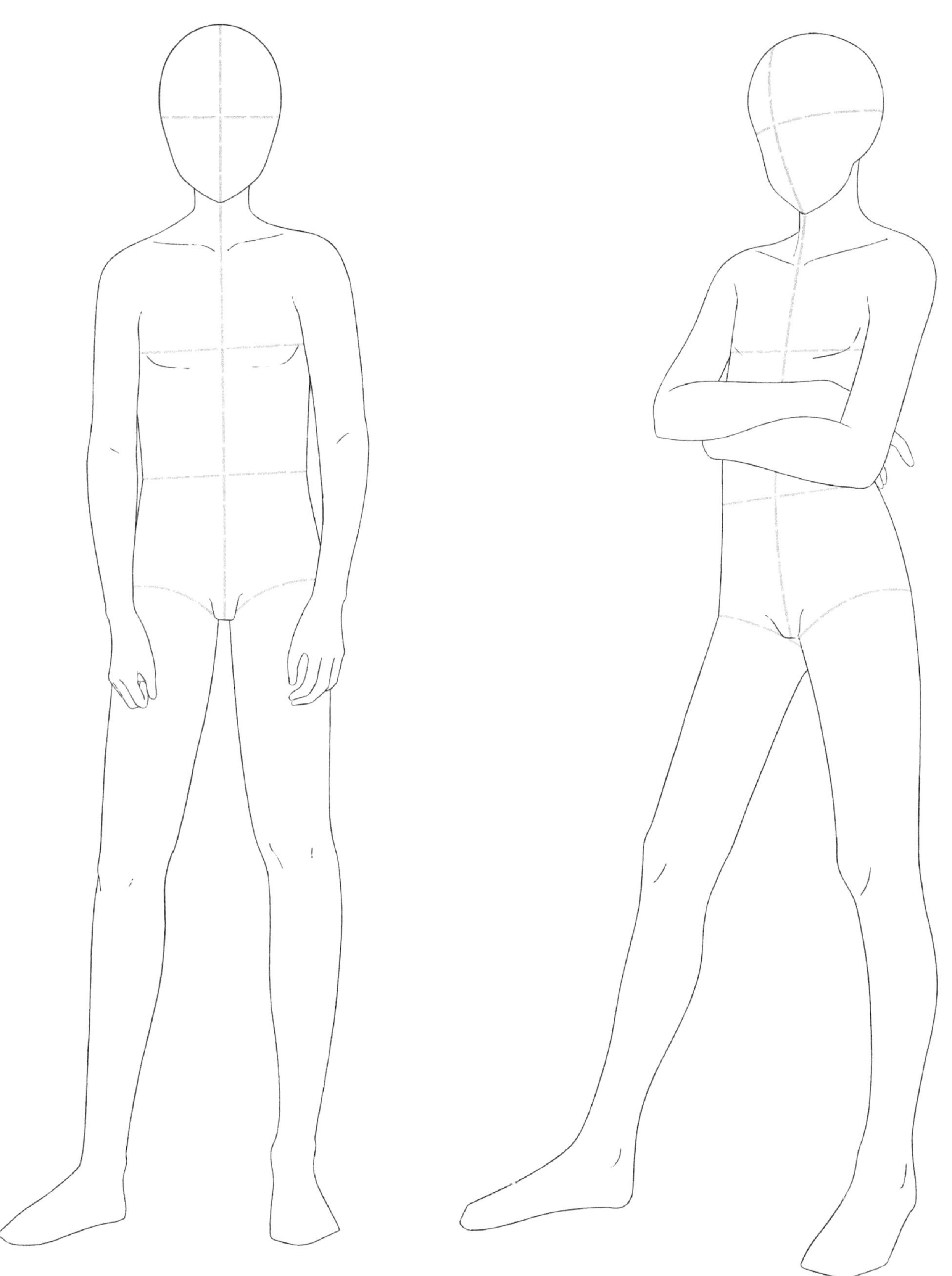

BOY'S FASHION FIGURINE | 9-12 YEARS

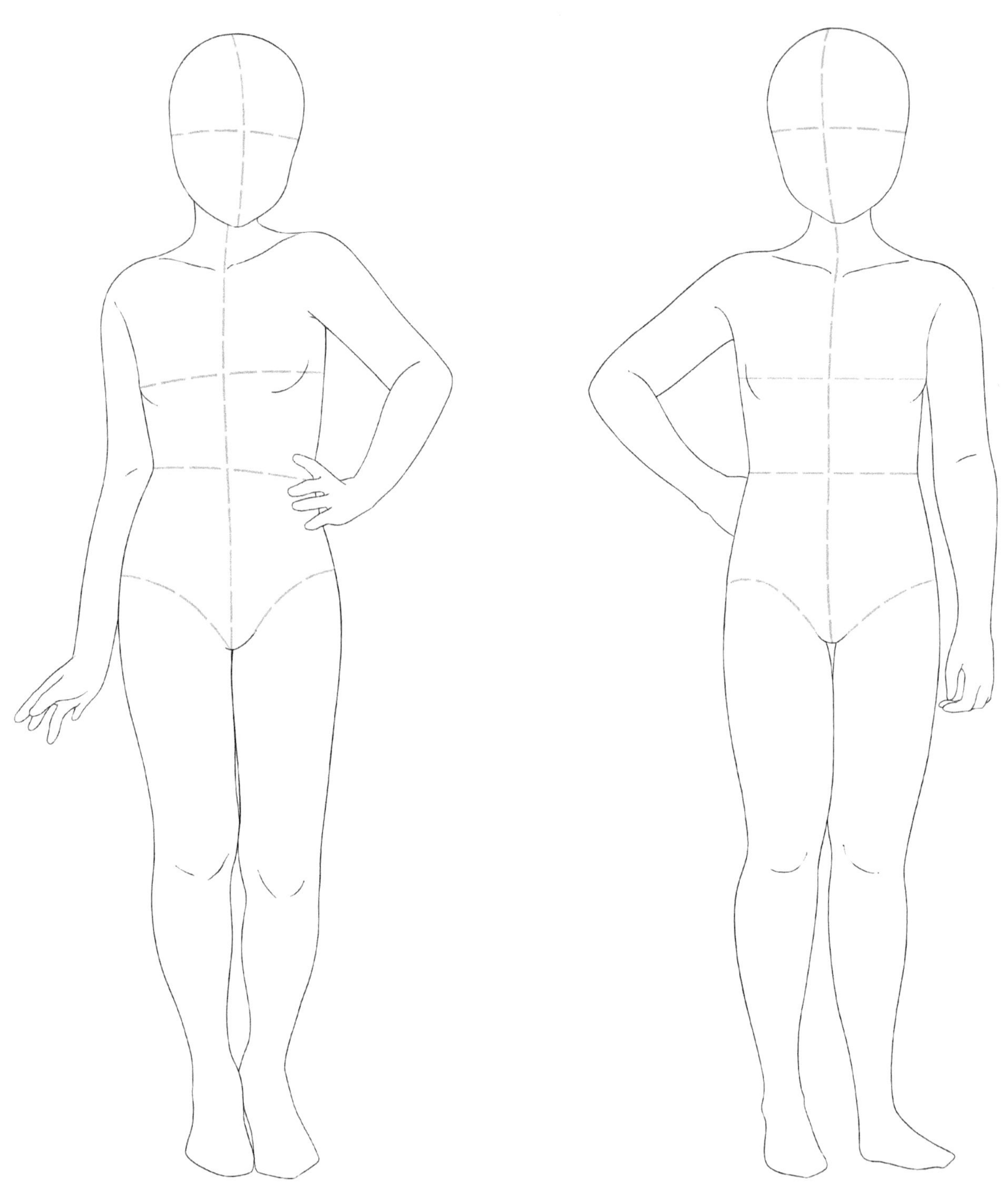

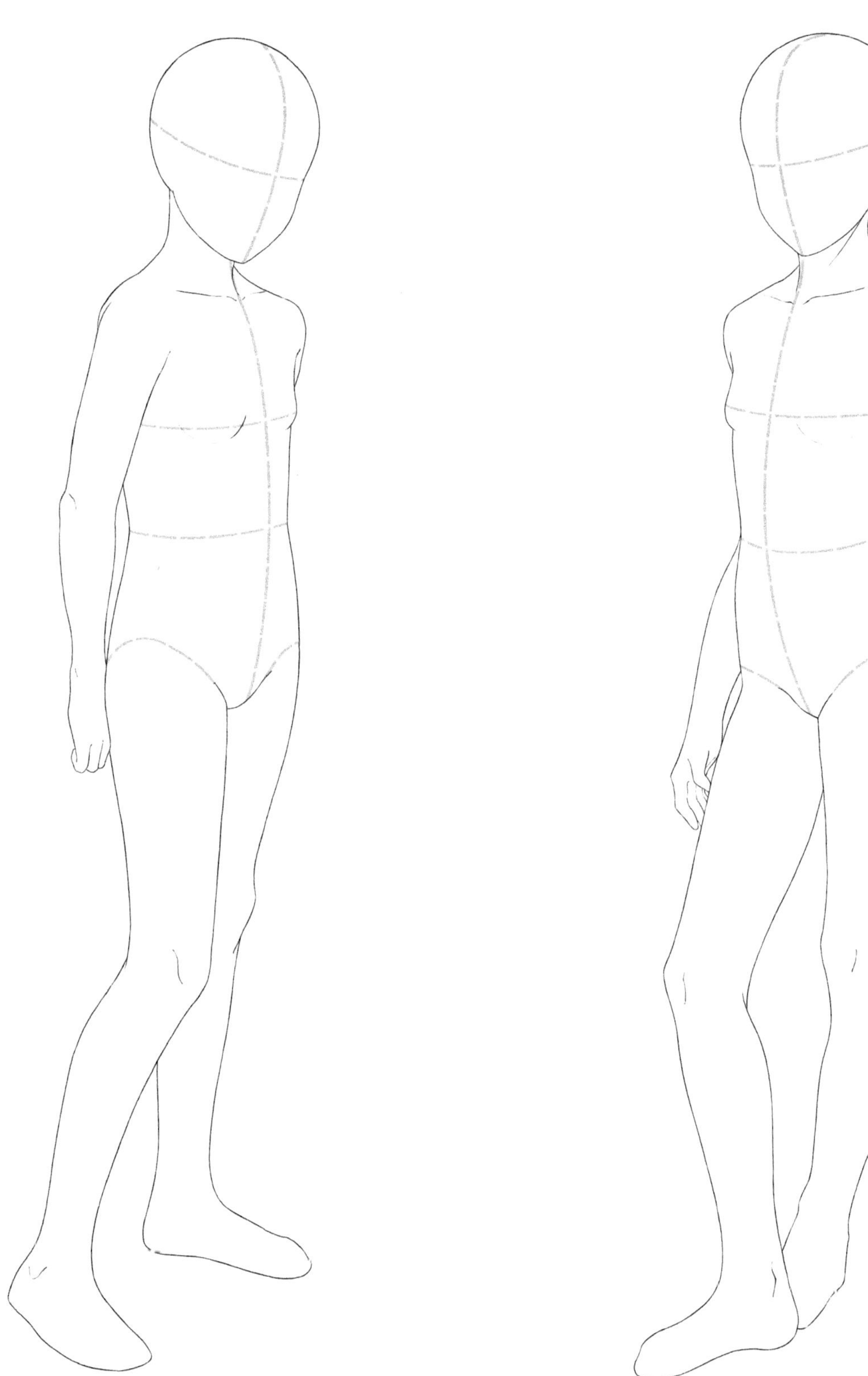

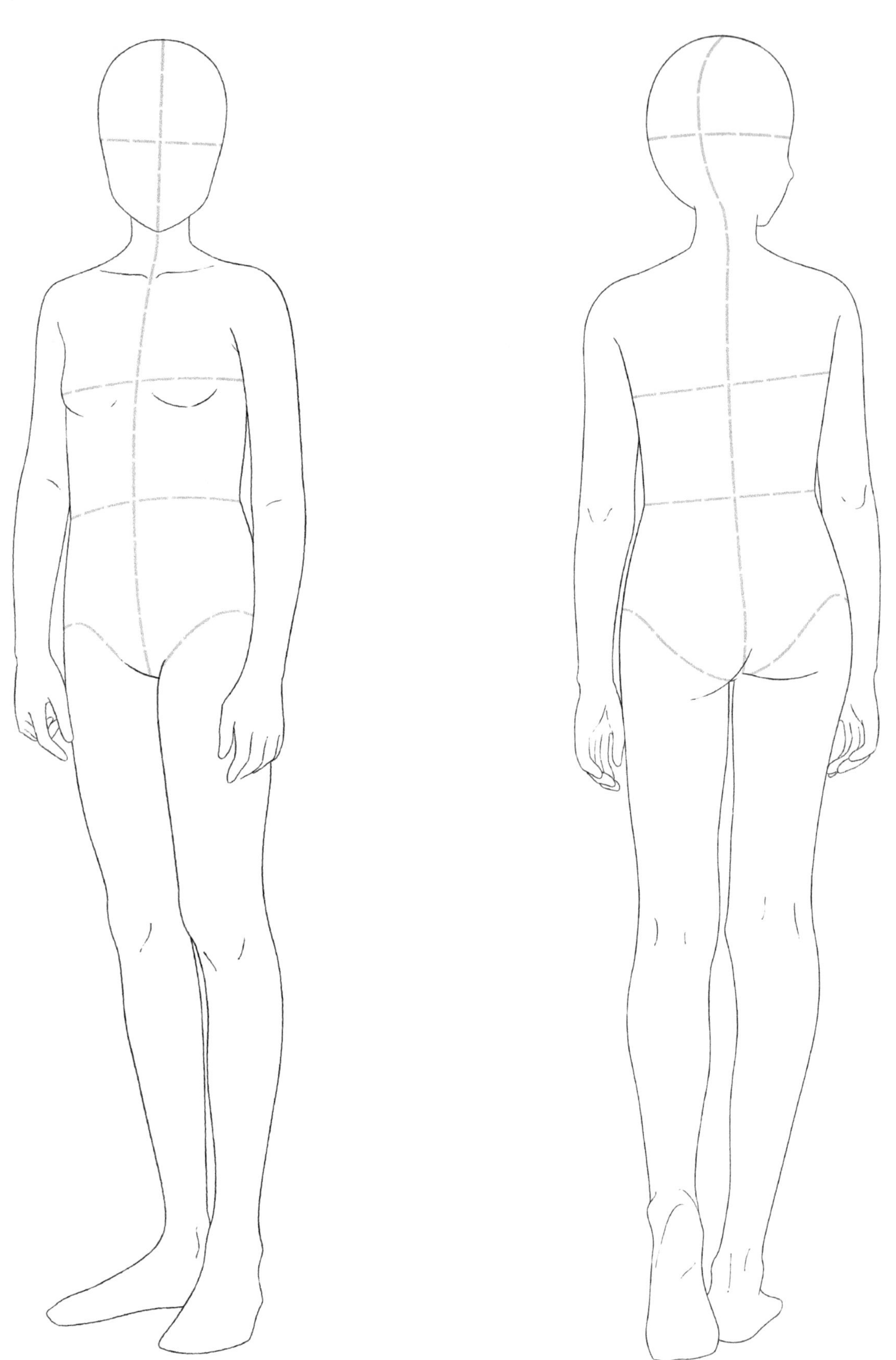

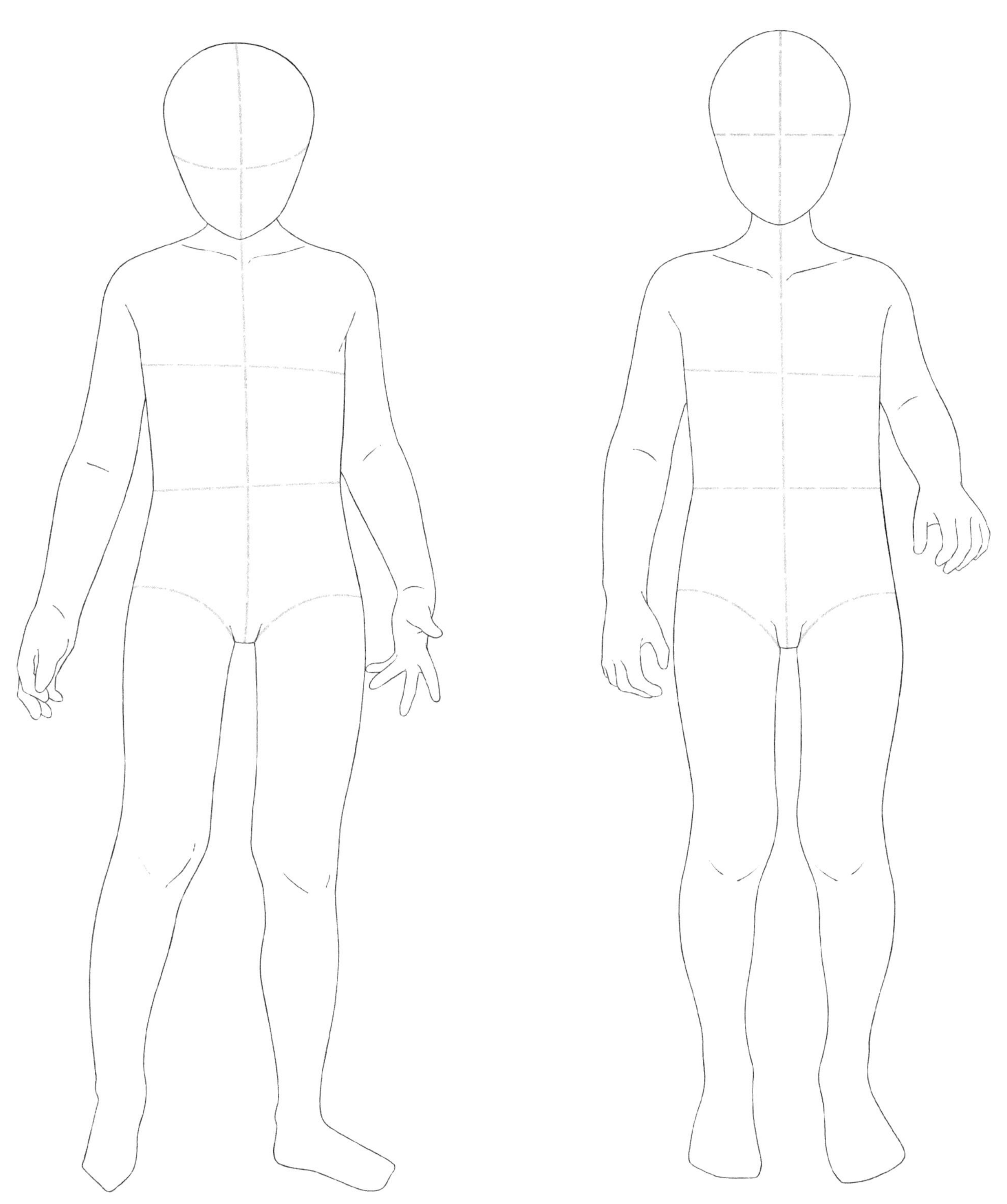

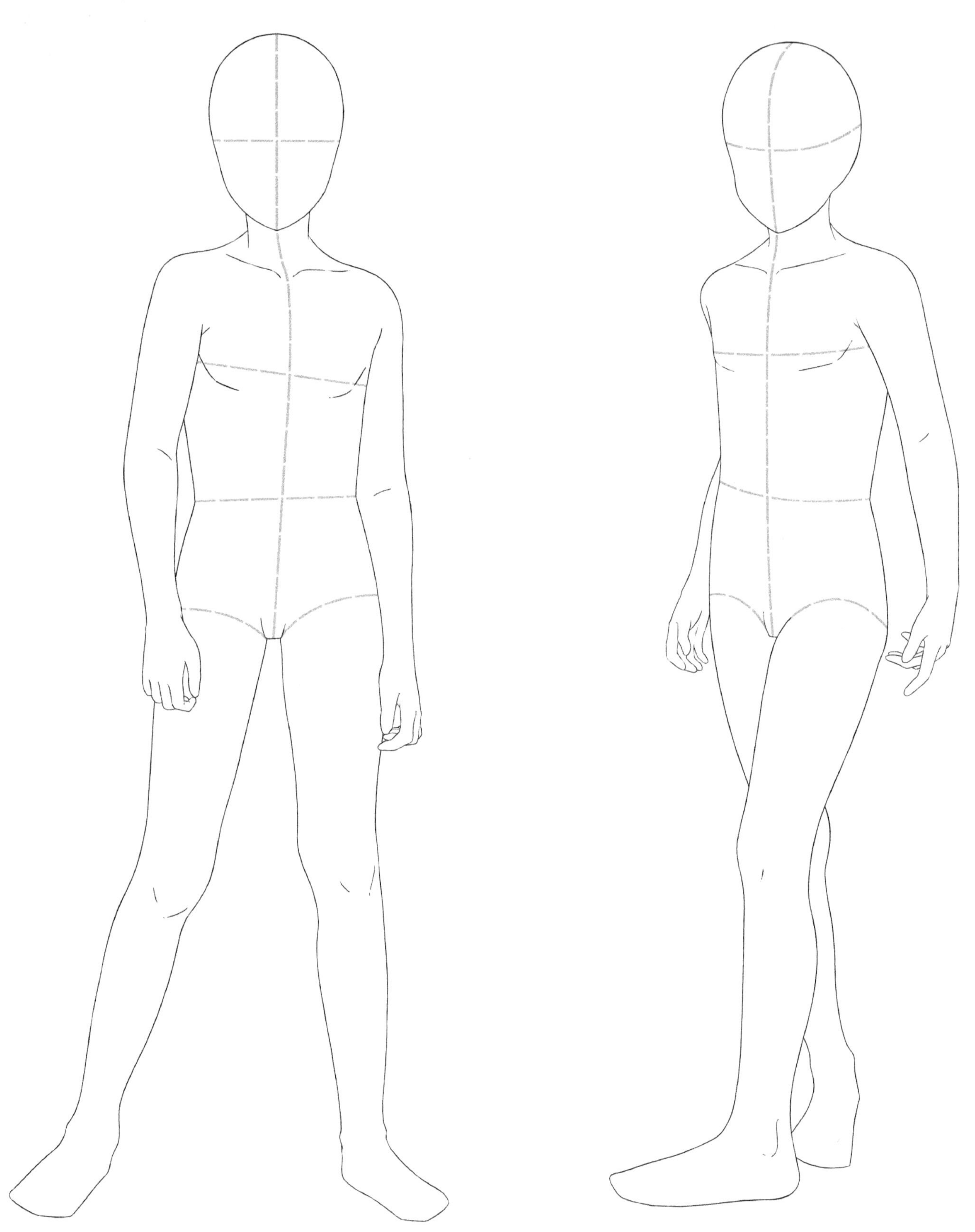

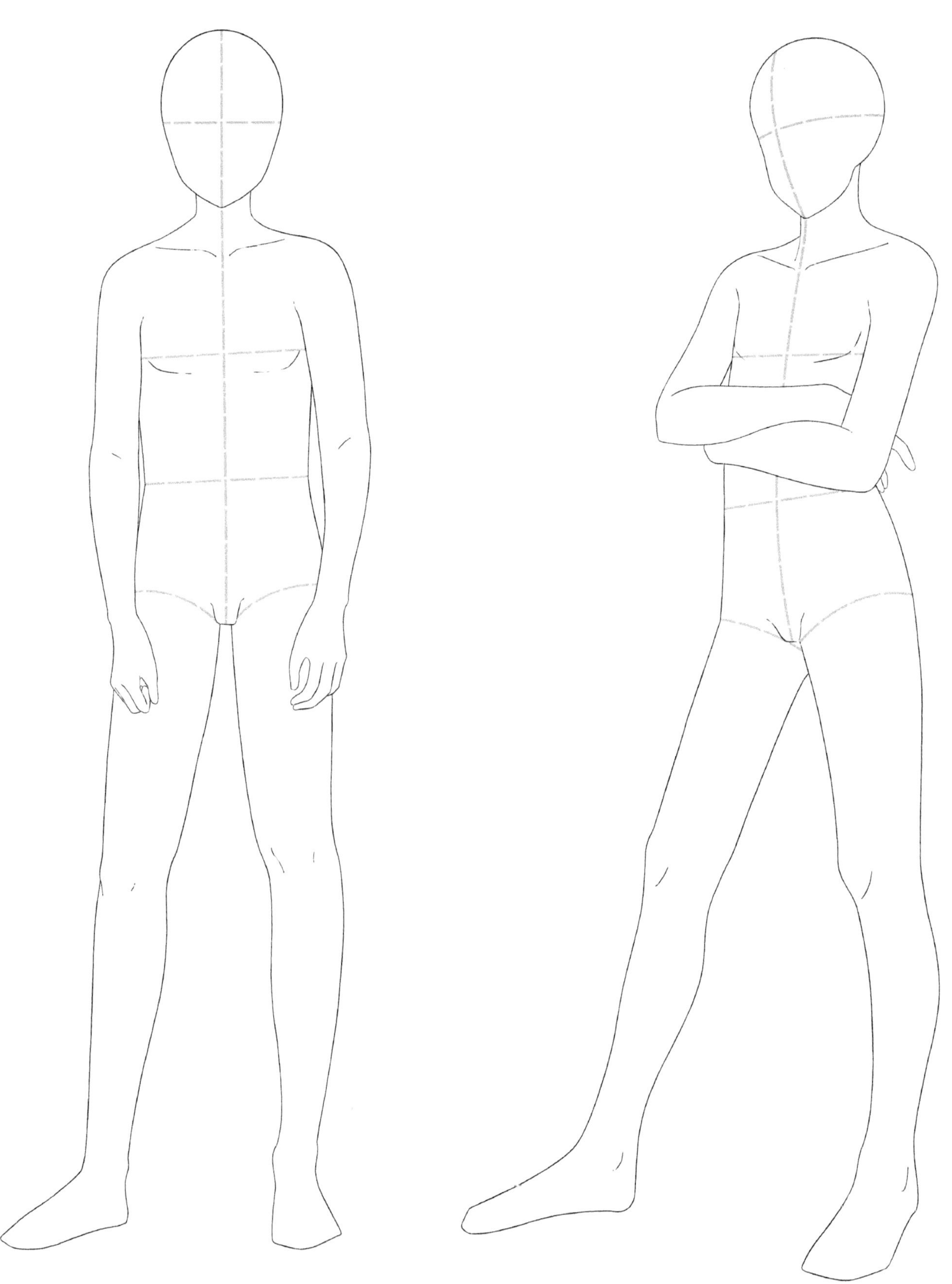

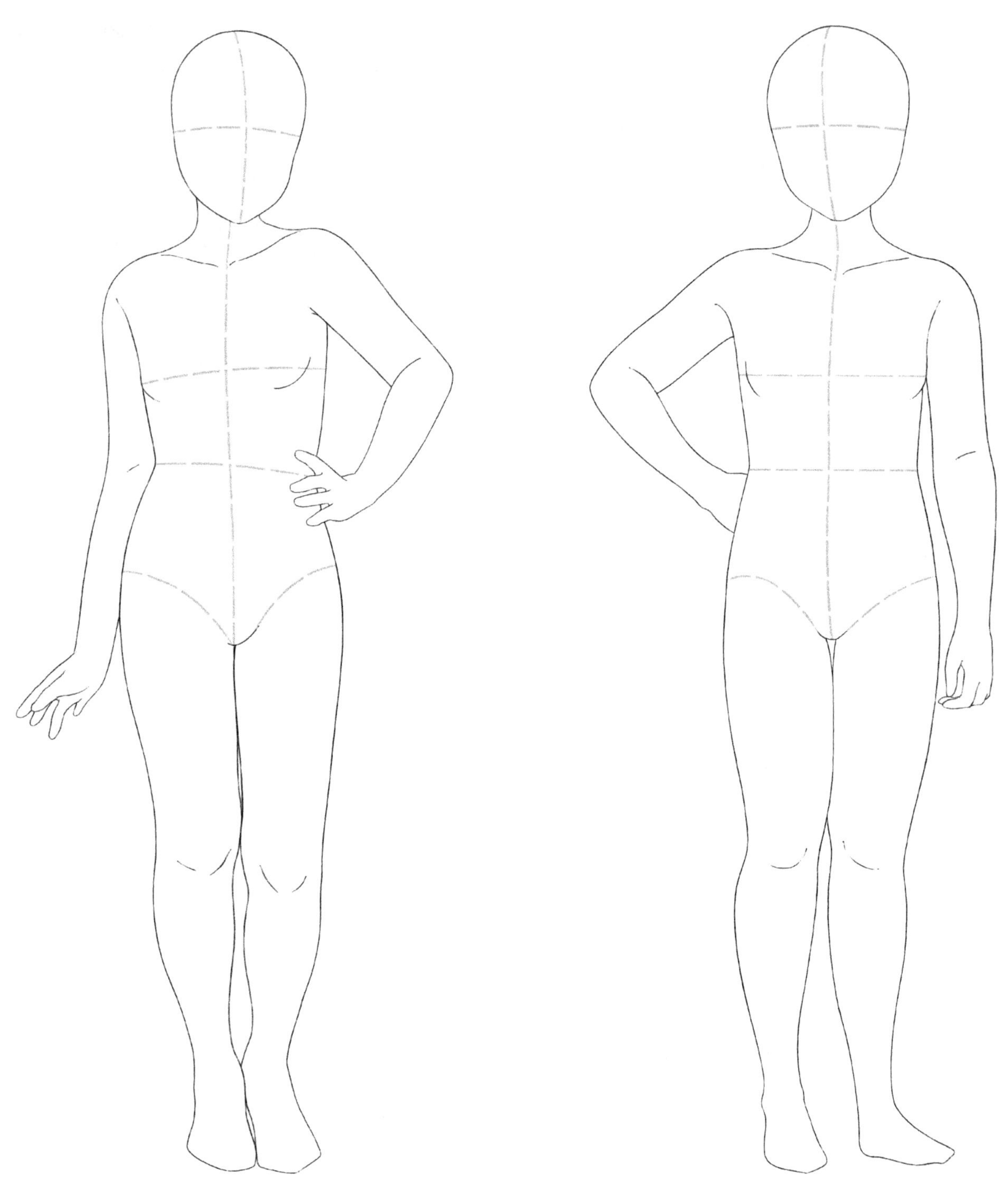

GIRL'S FASHION FIGURINE | 3-5 YEARS

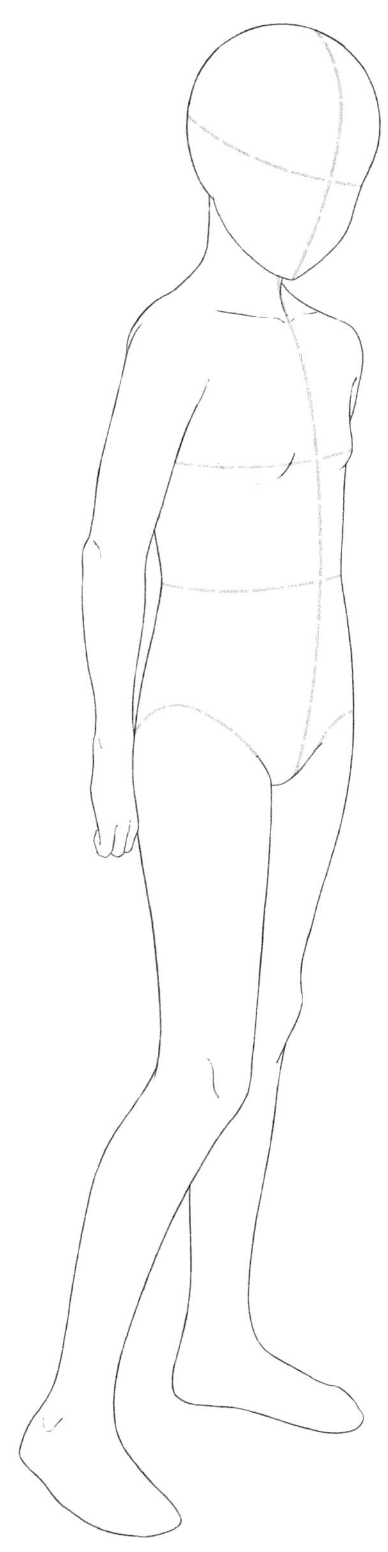

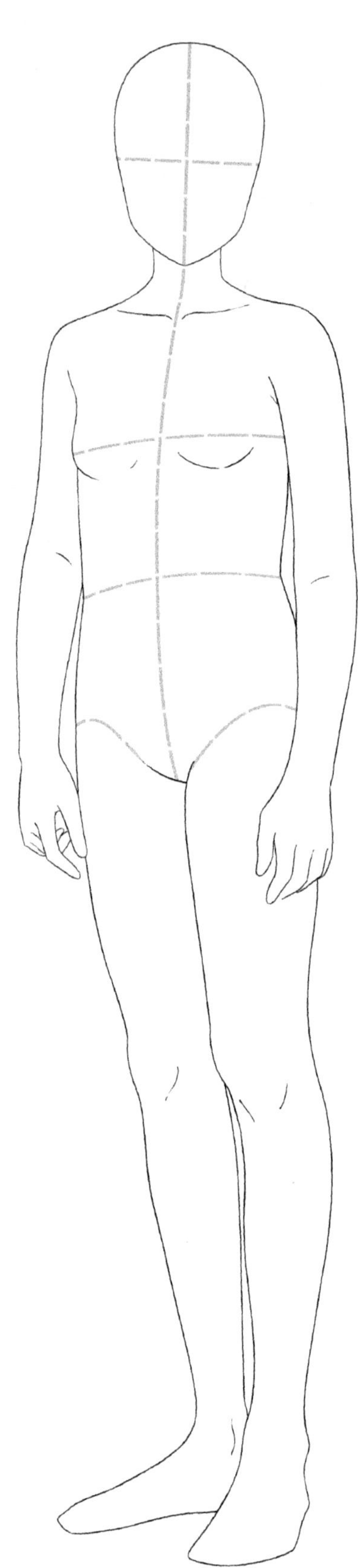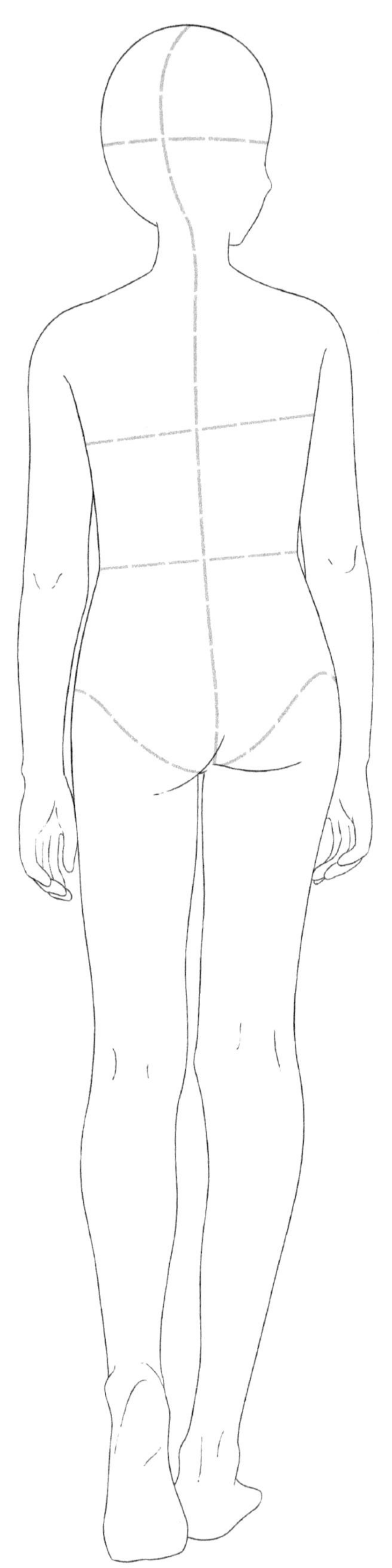

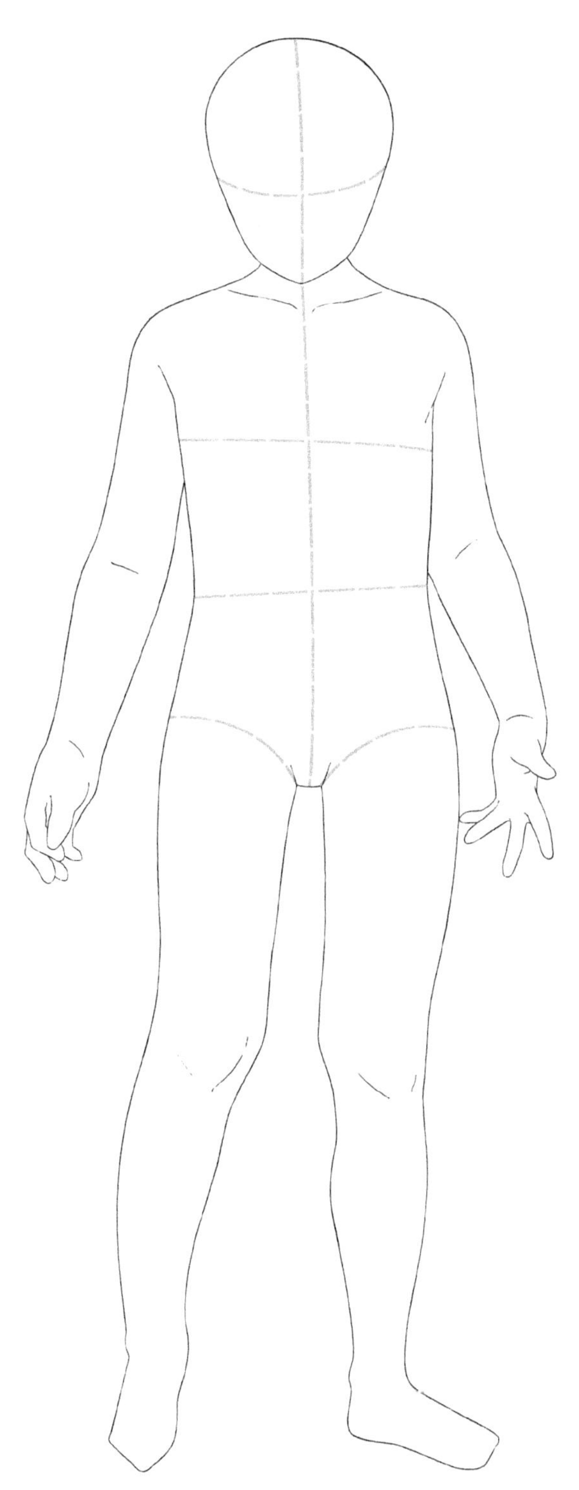
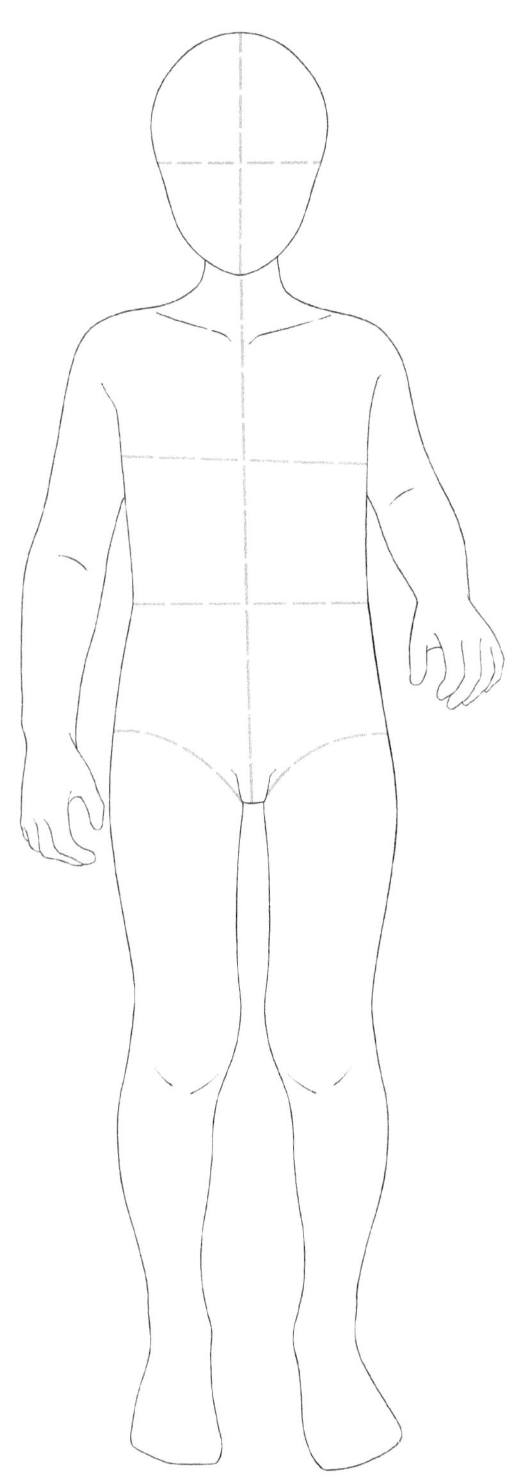

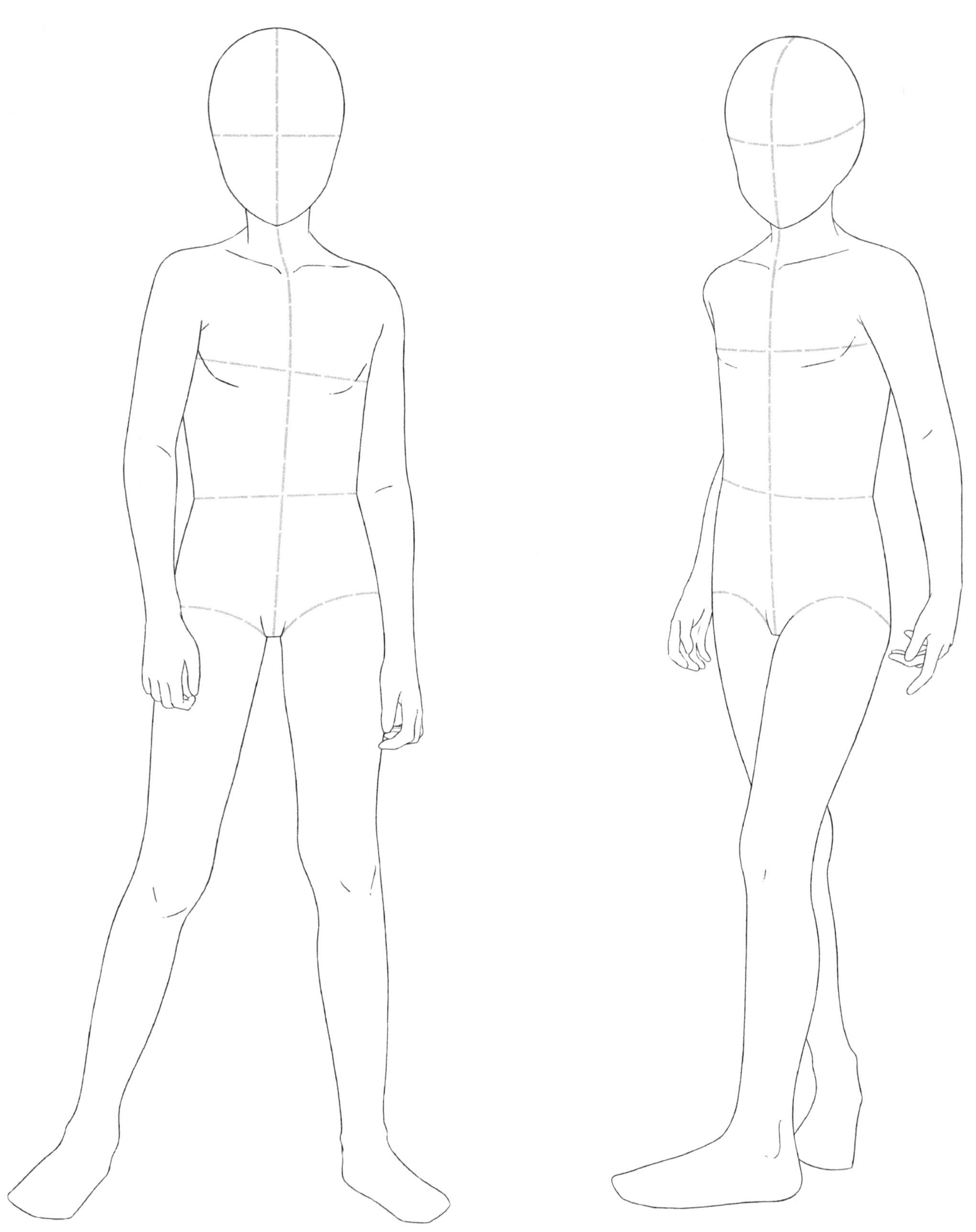

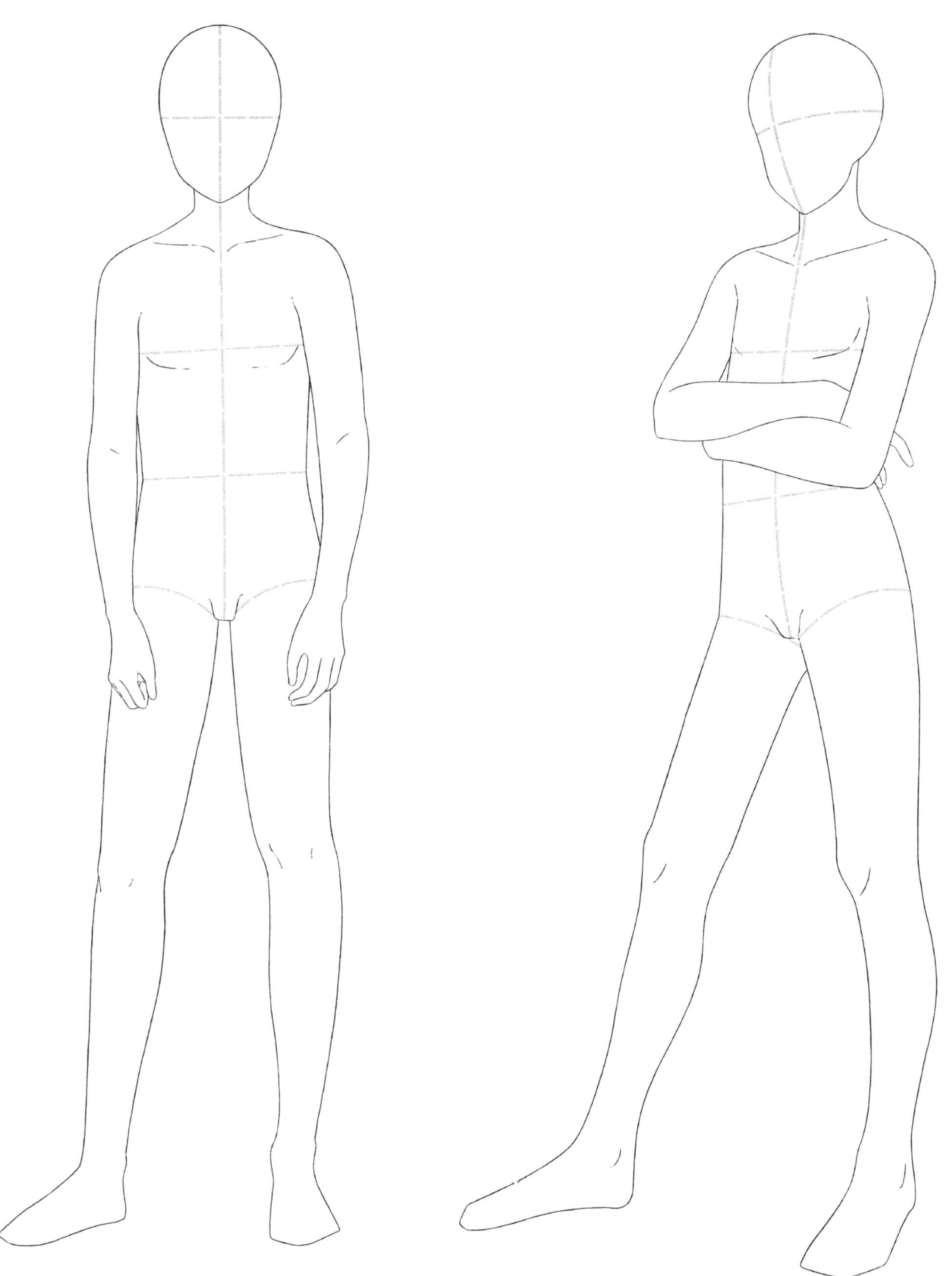

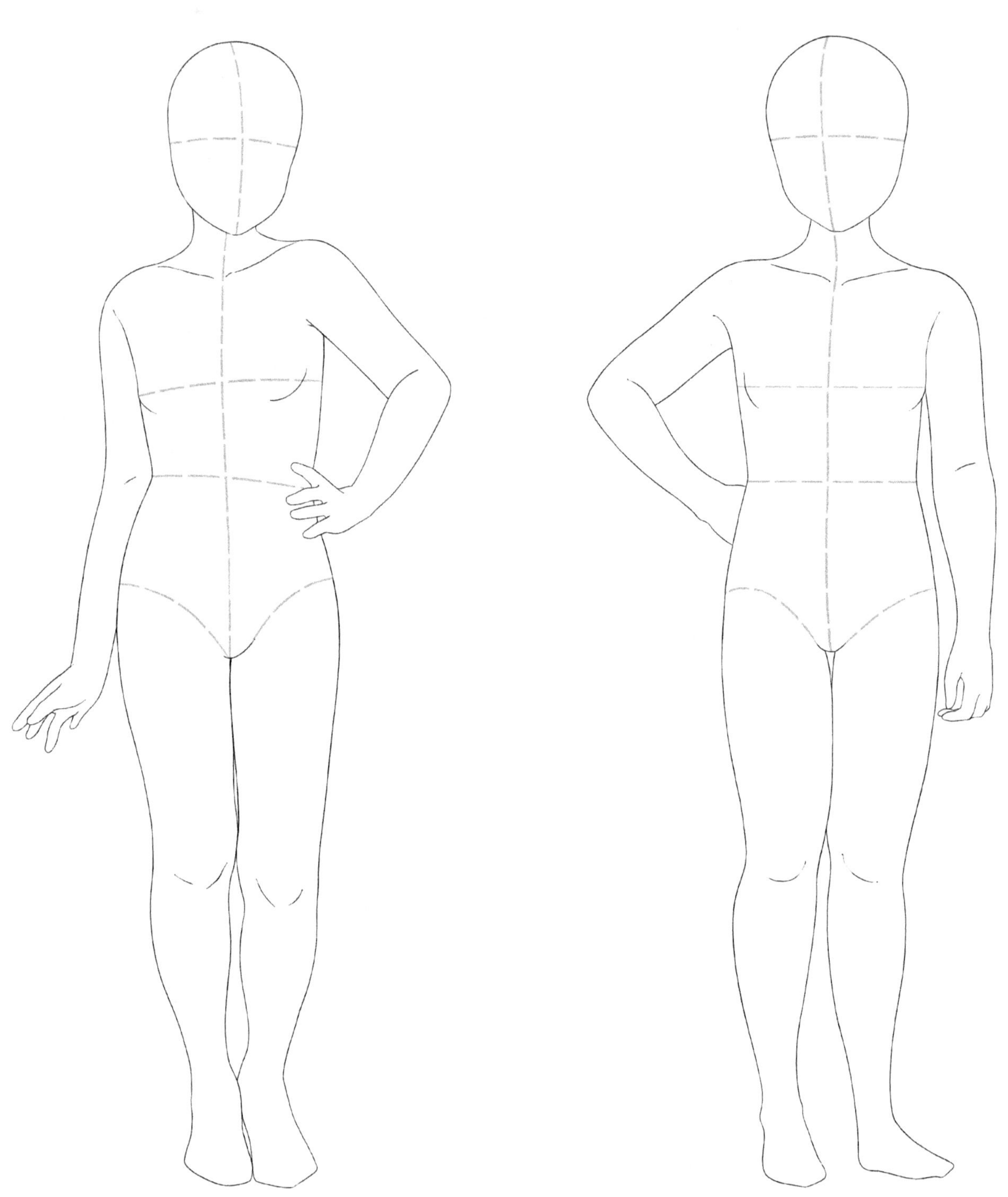

GIRL'S FASHION FIGURINE | 3-5 YEARS

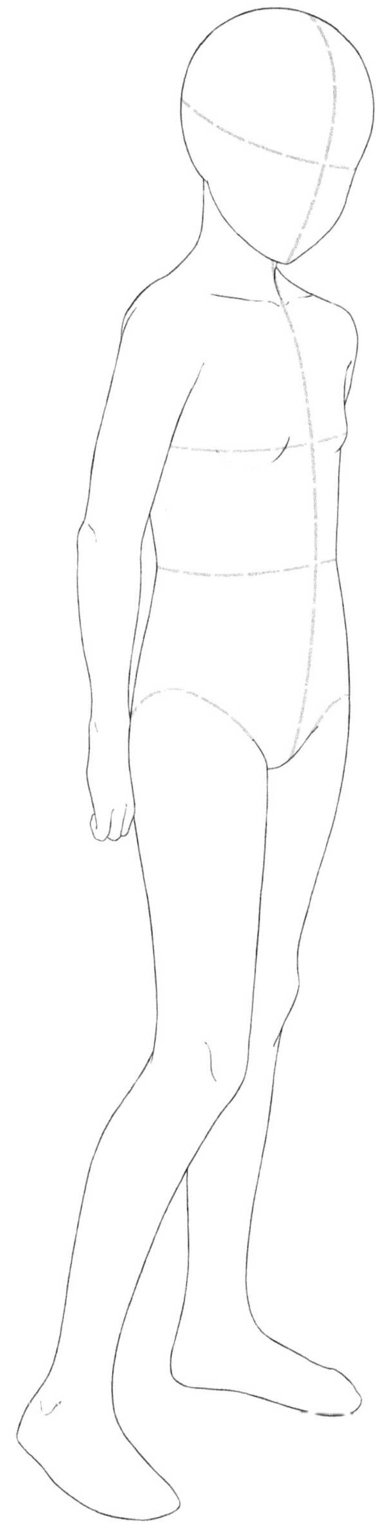
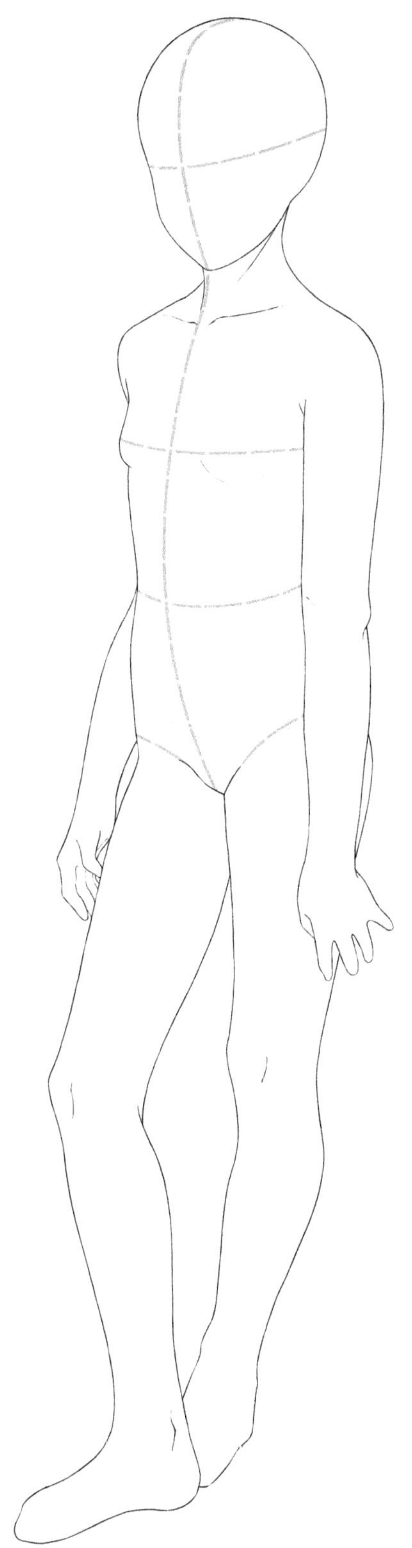

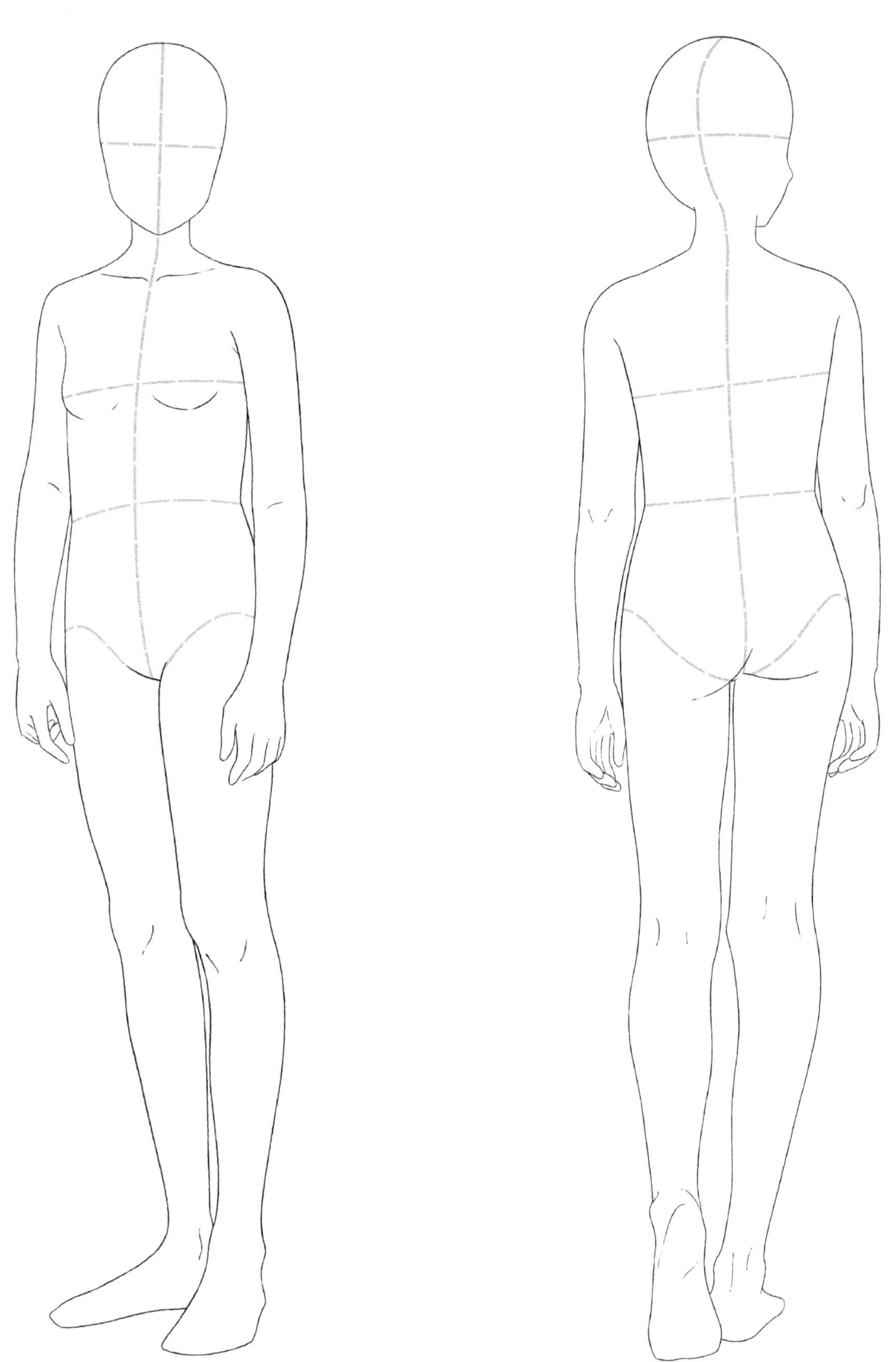

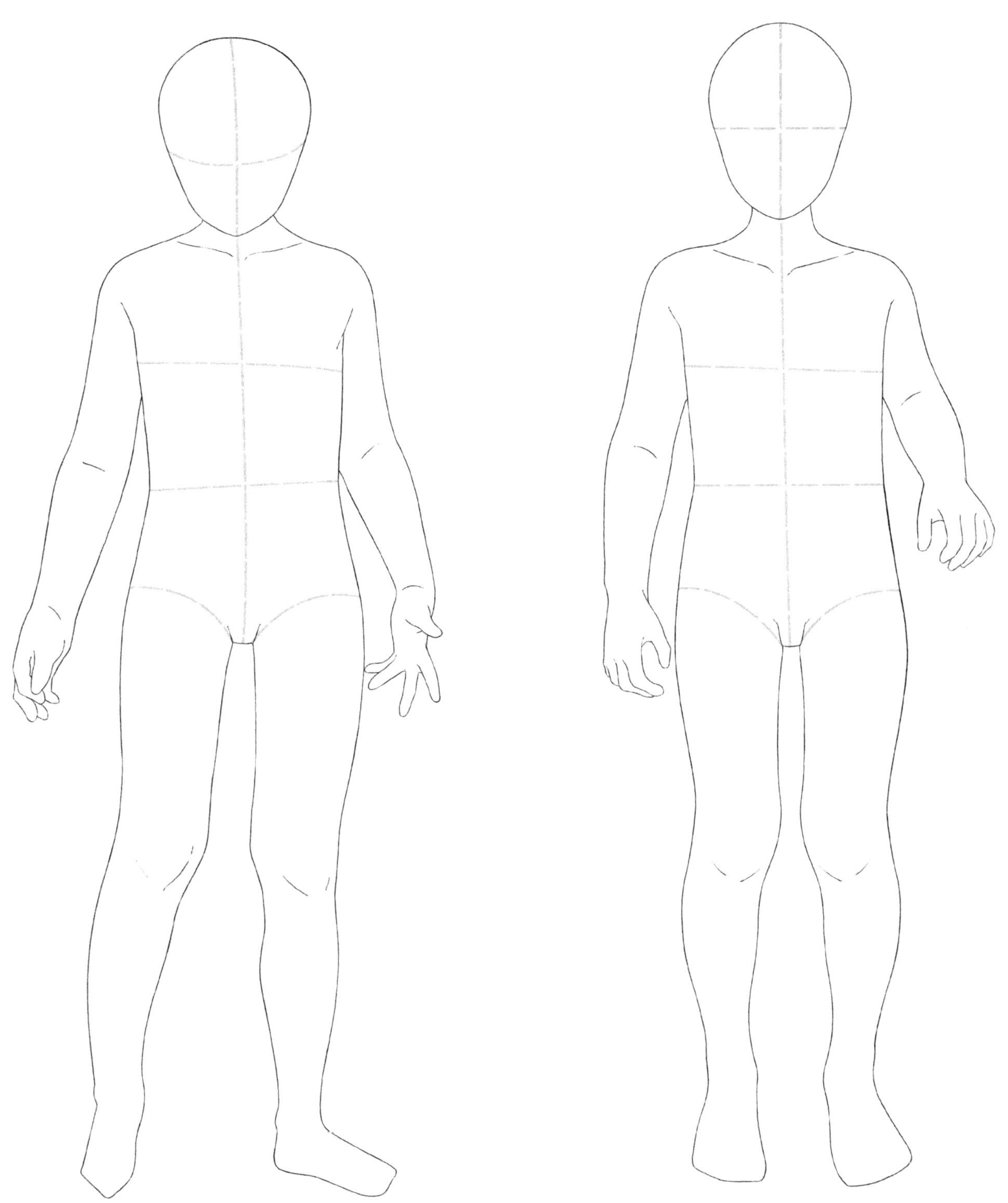

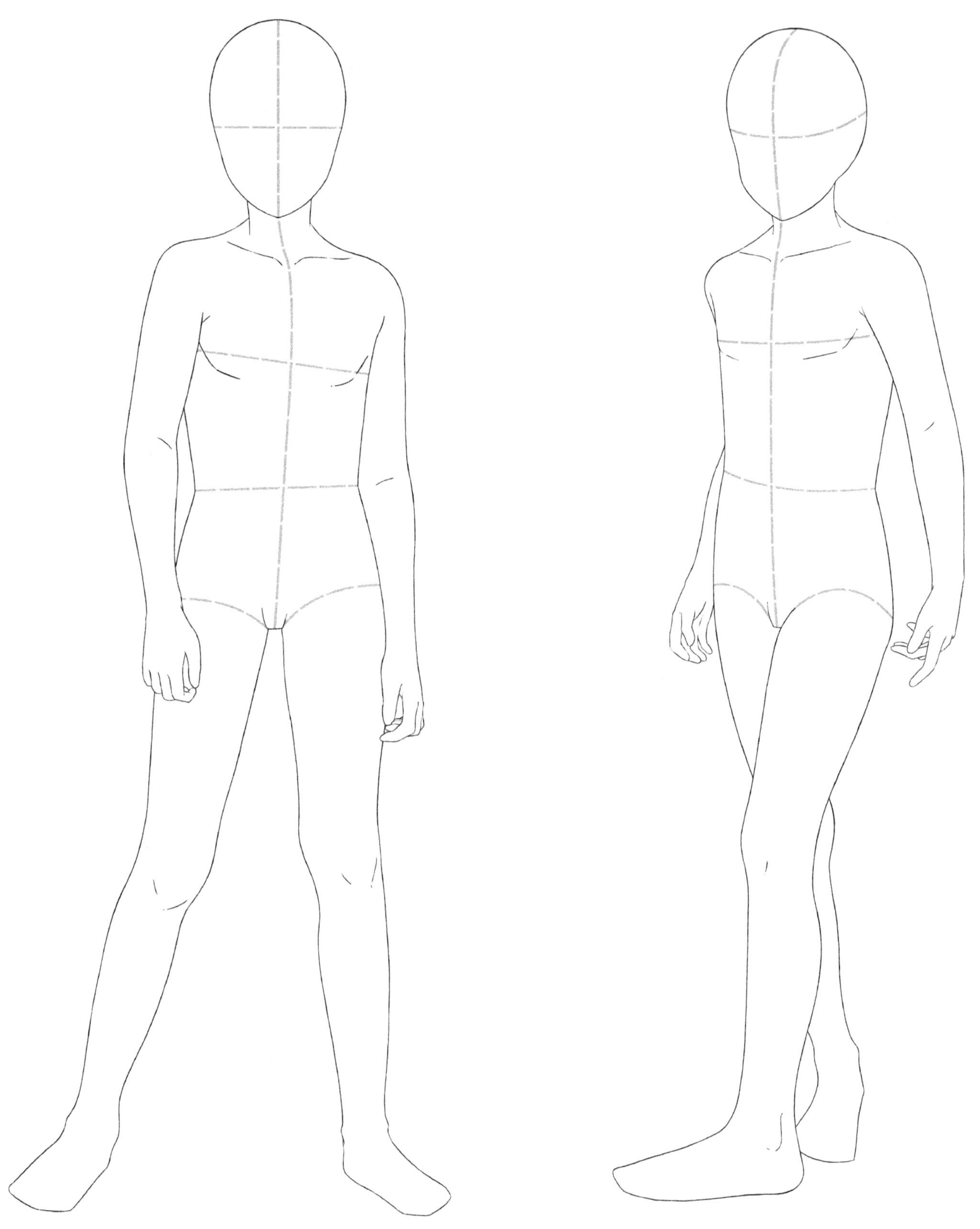

BOY'S FASHION FIGURINE | 6-8 YEARS

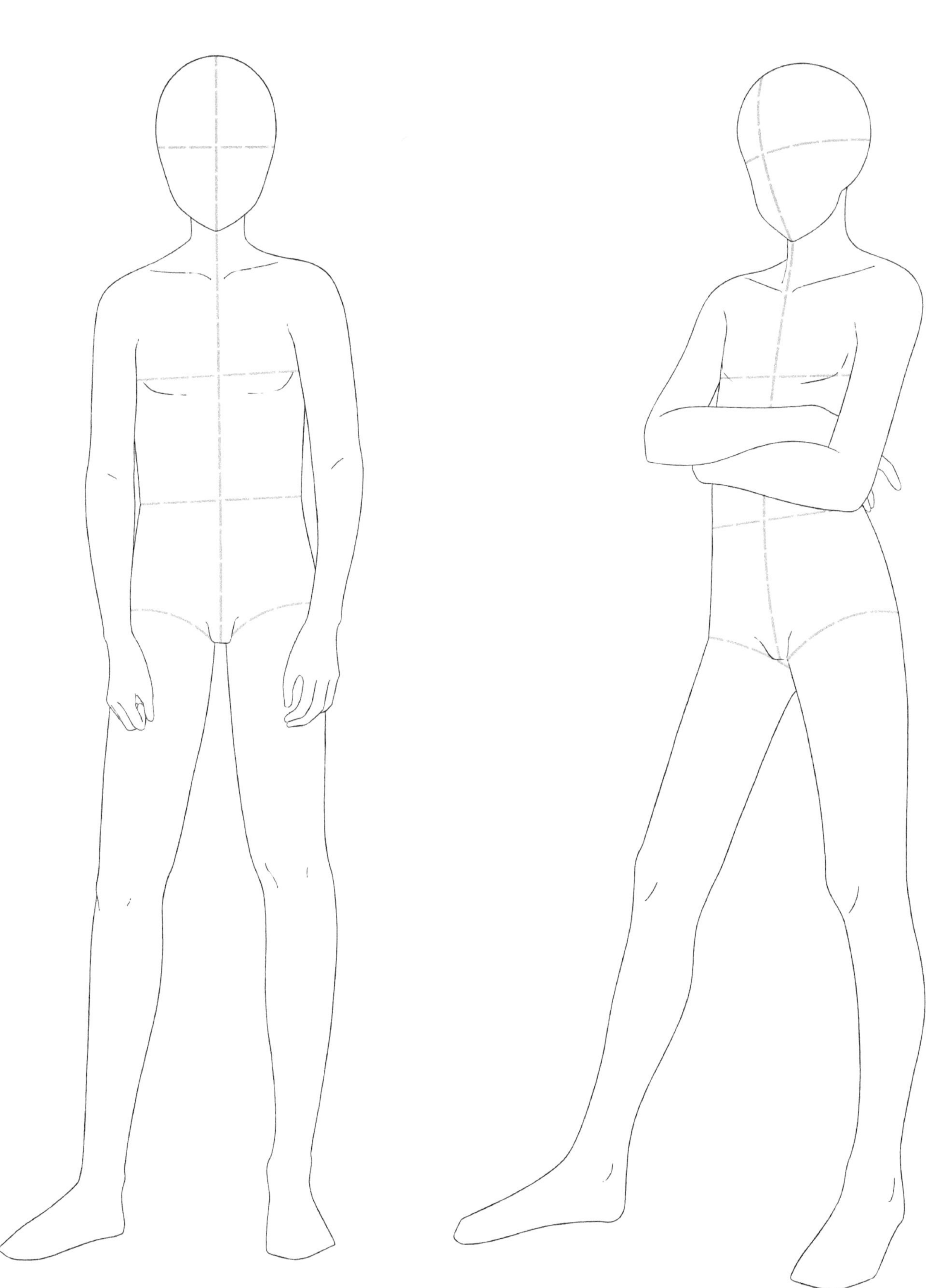

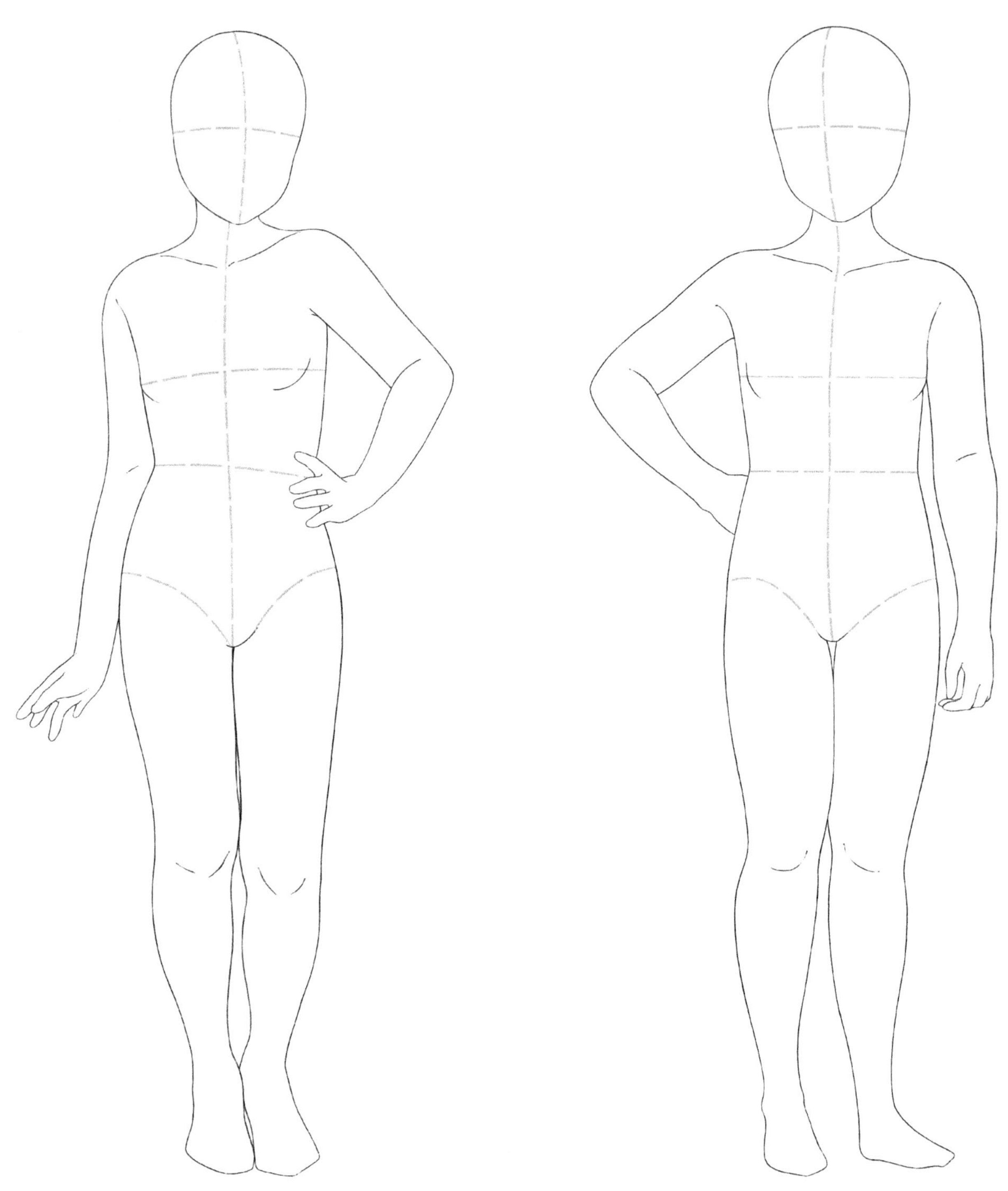

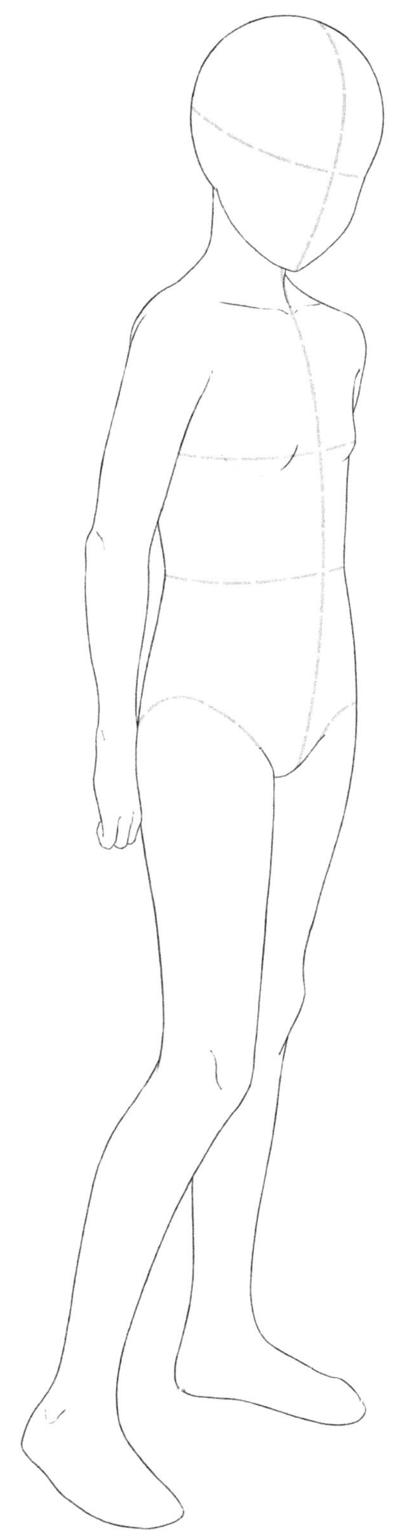 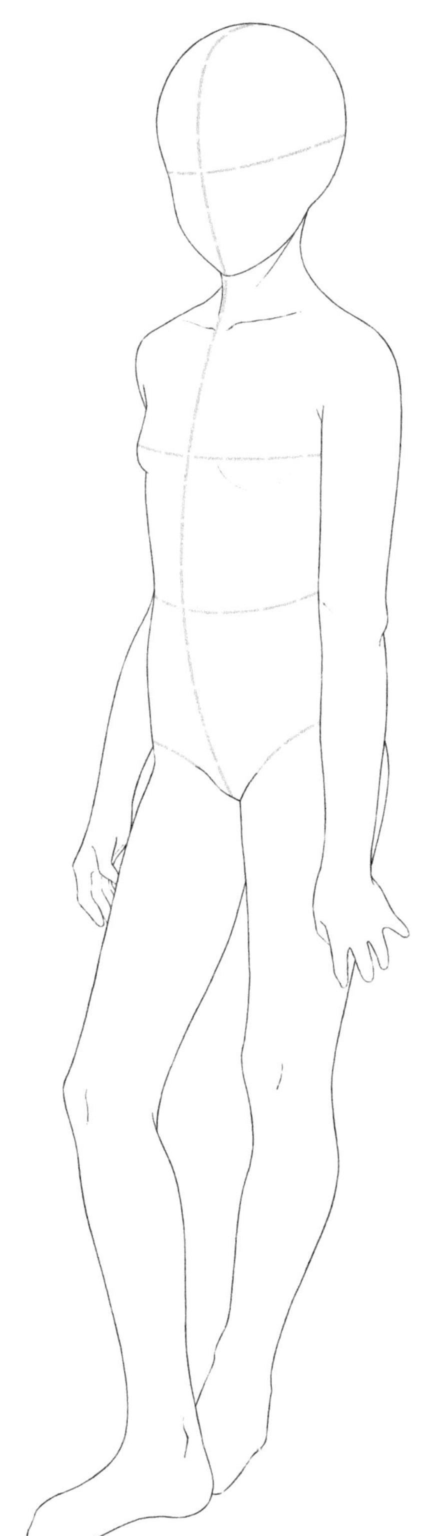

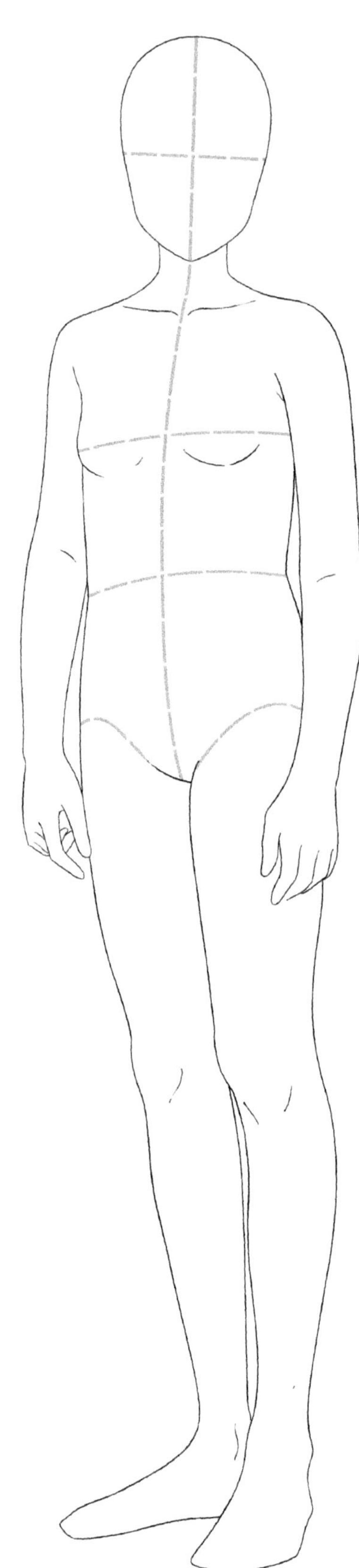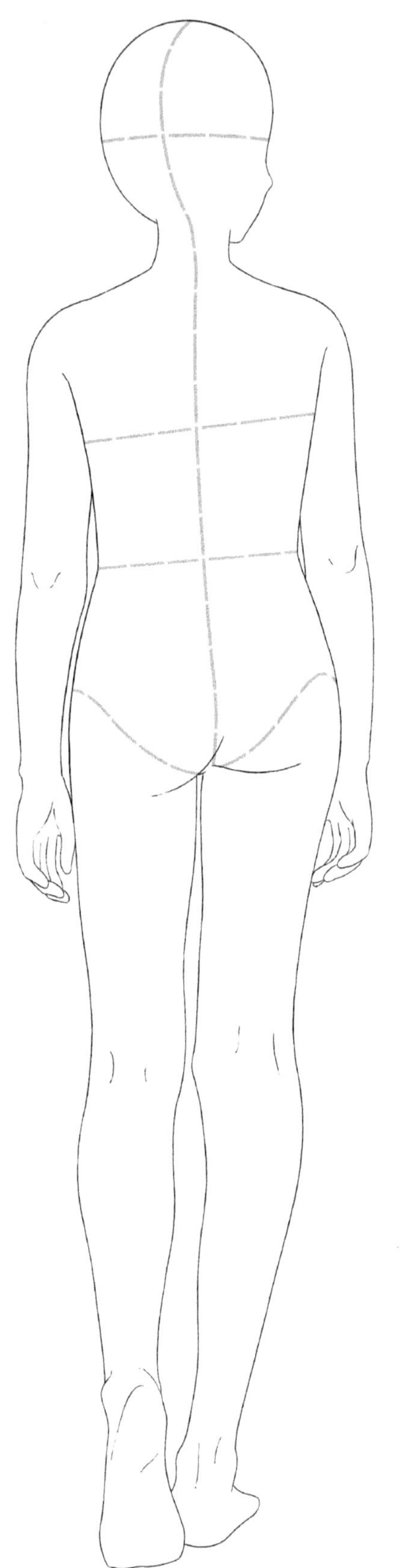

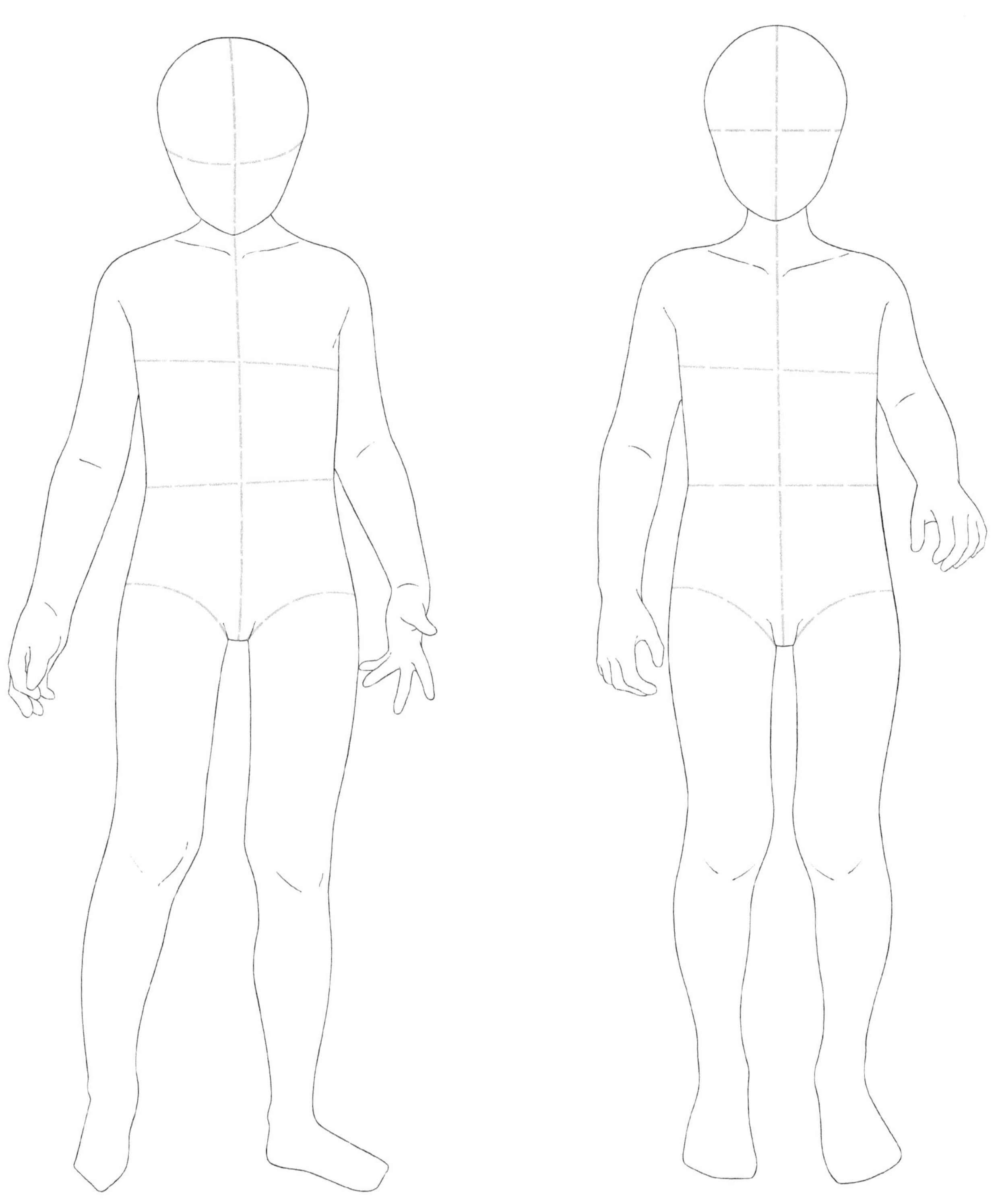

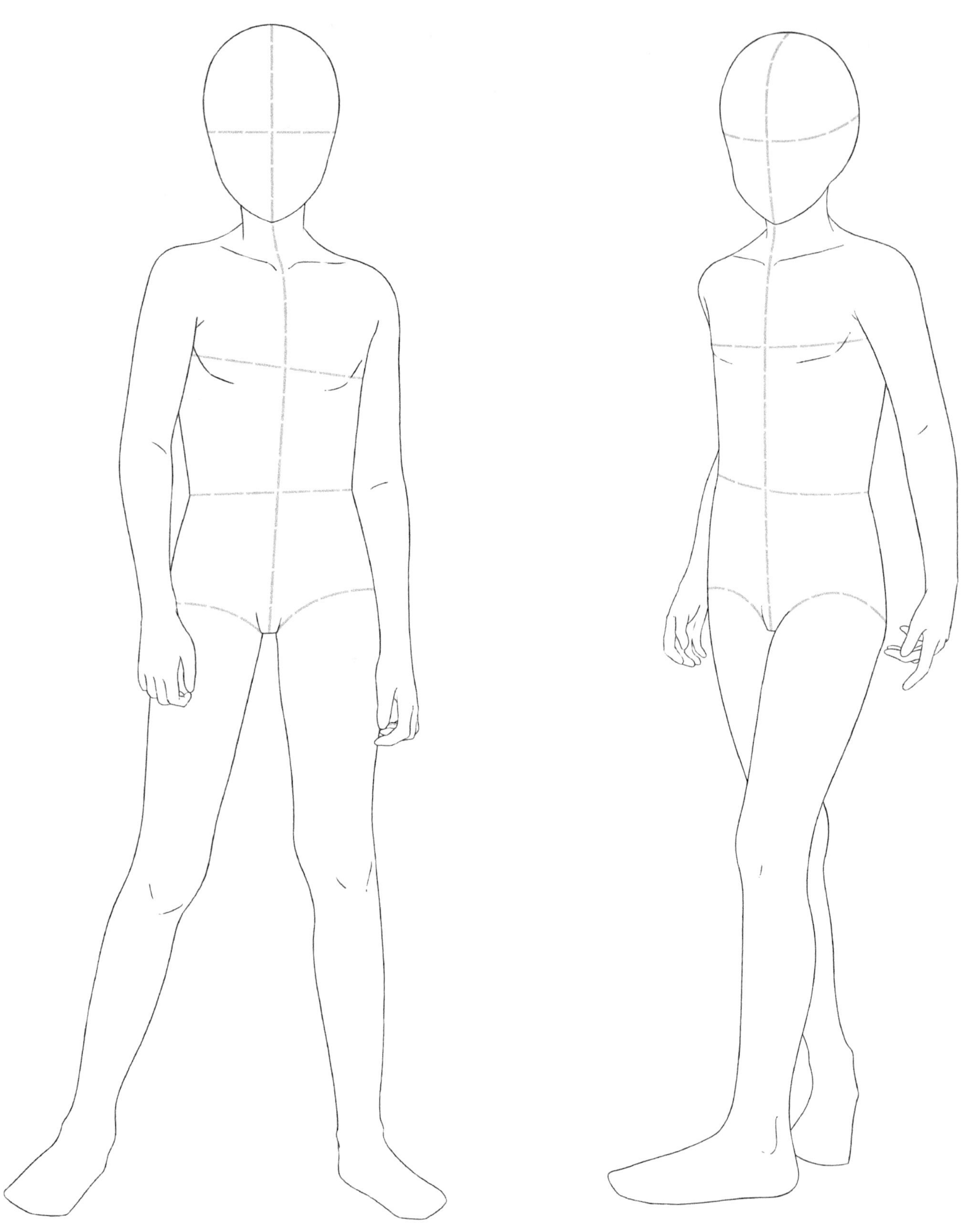

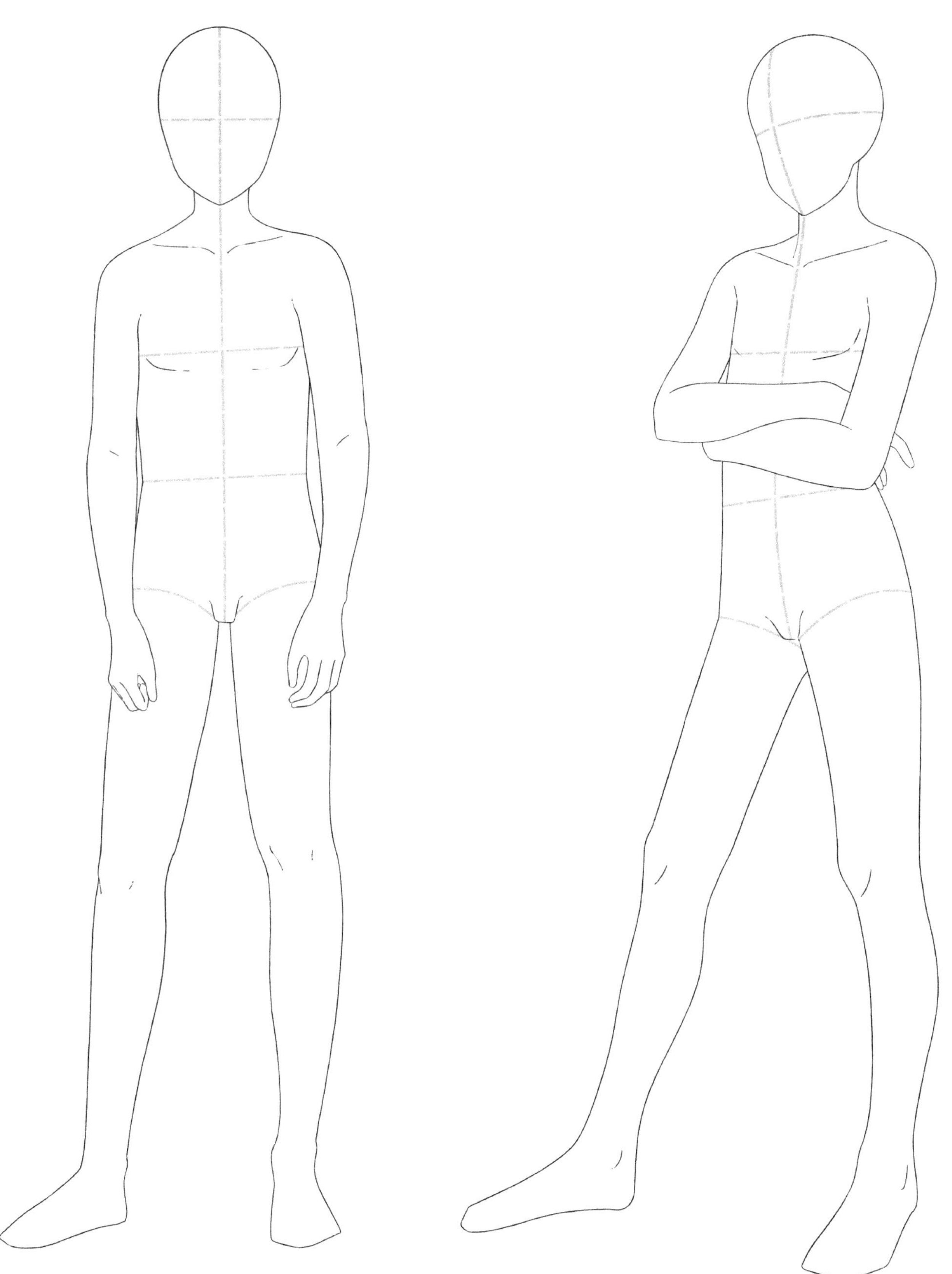

BOY'S FASHION FIGURINE | 9-12 YEARS

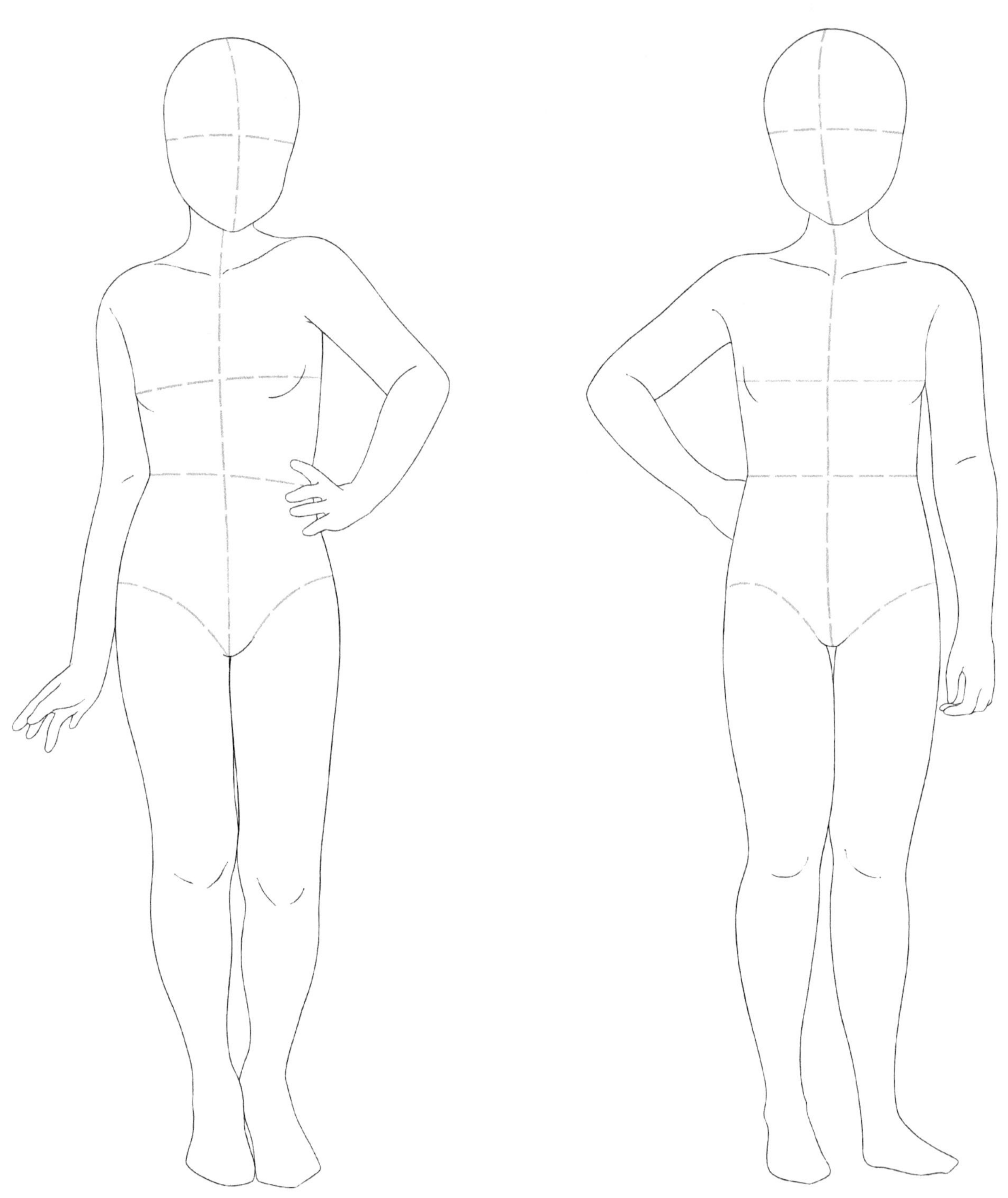

GIRL'S FASHION FIGURINE | 3-5 YEARS

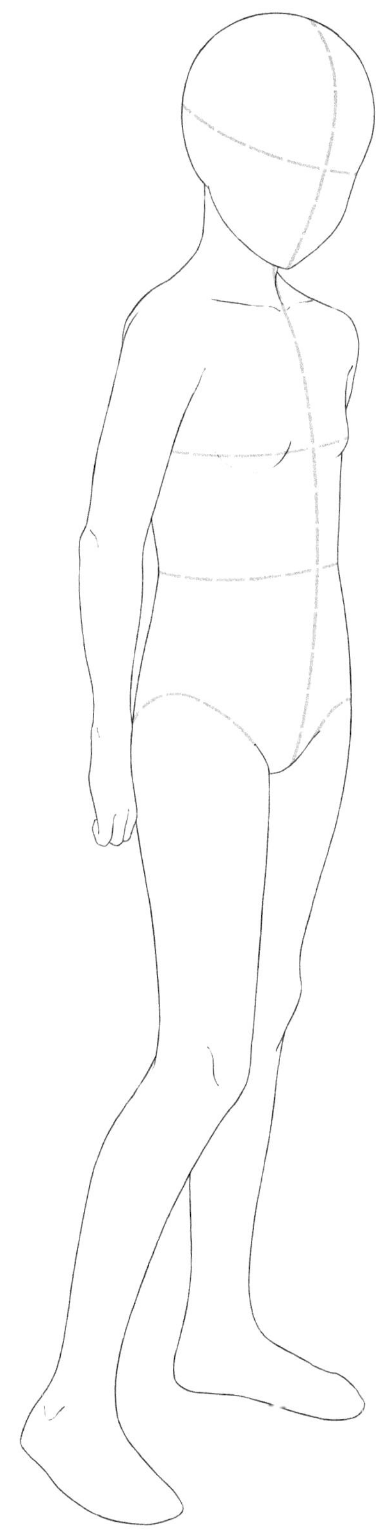

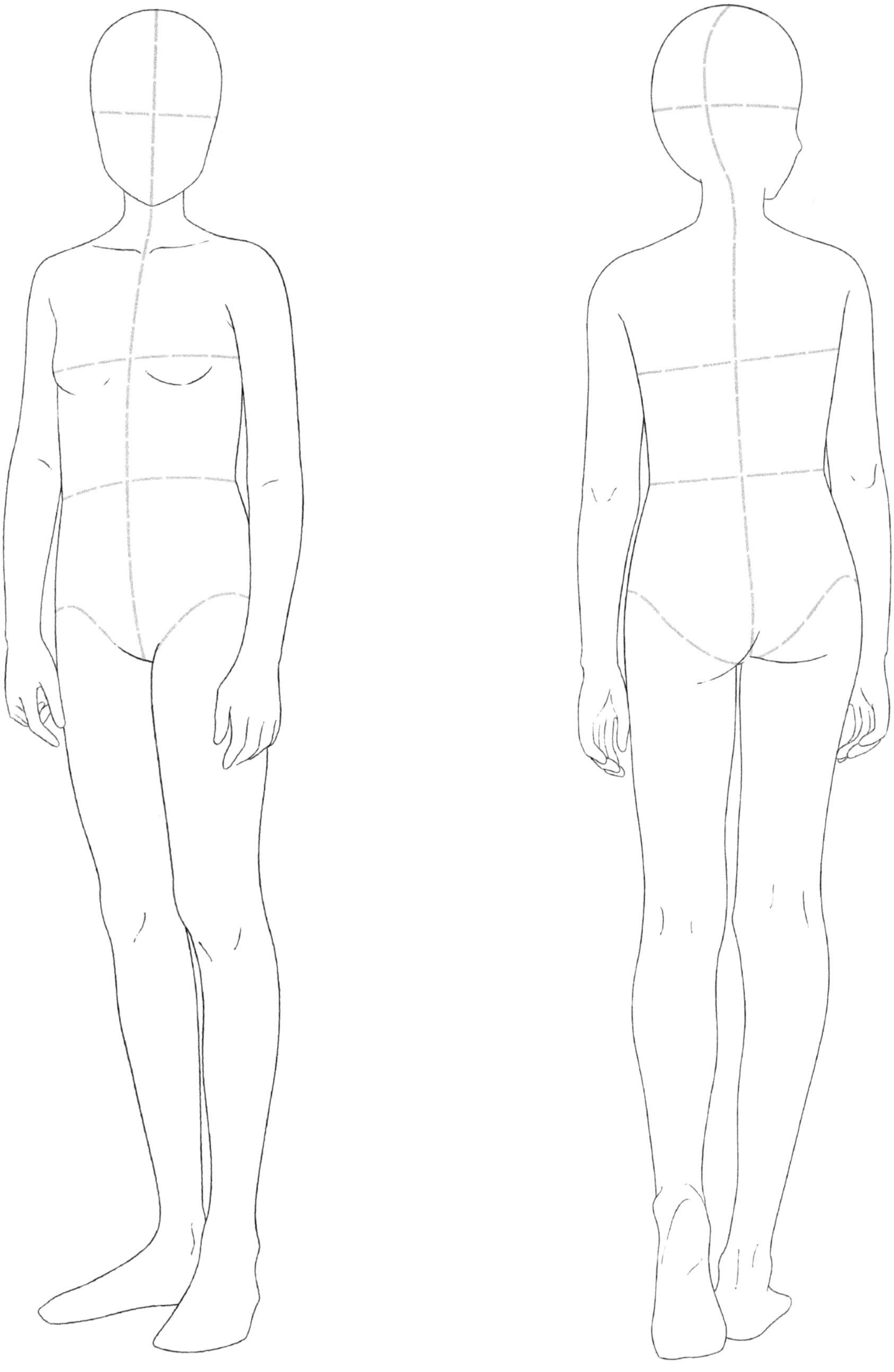

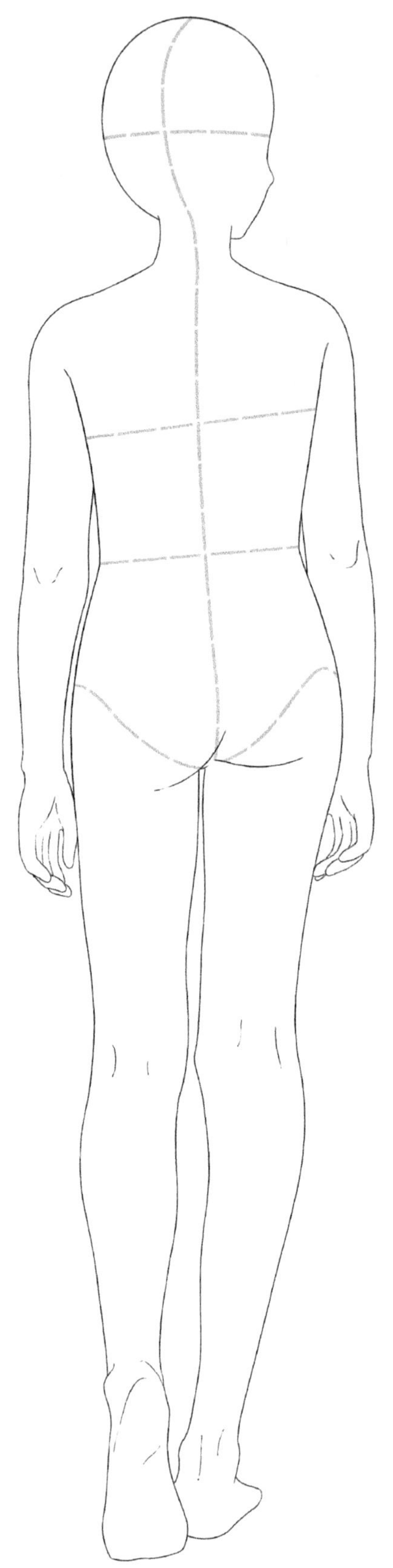

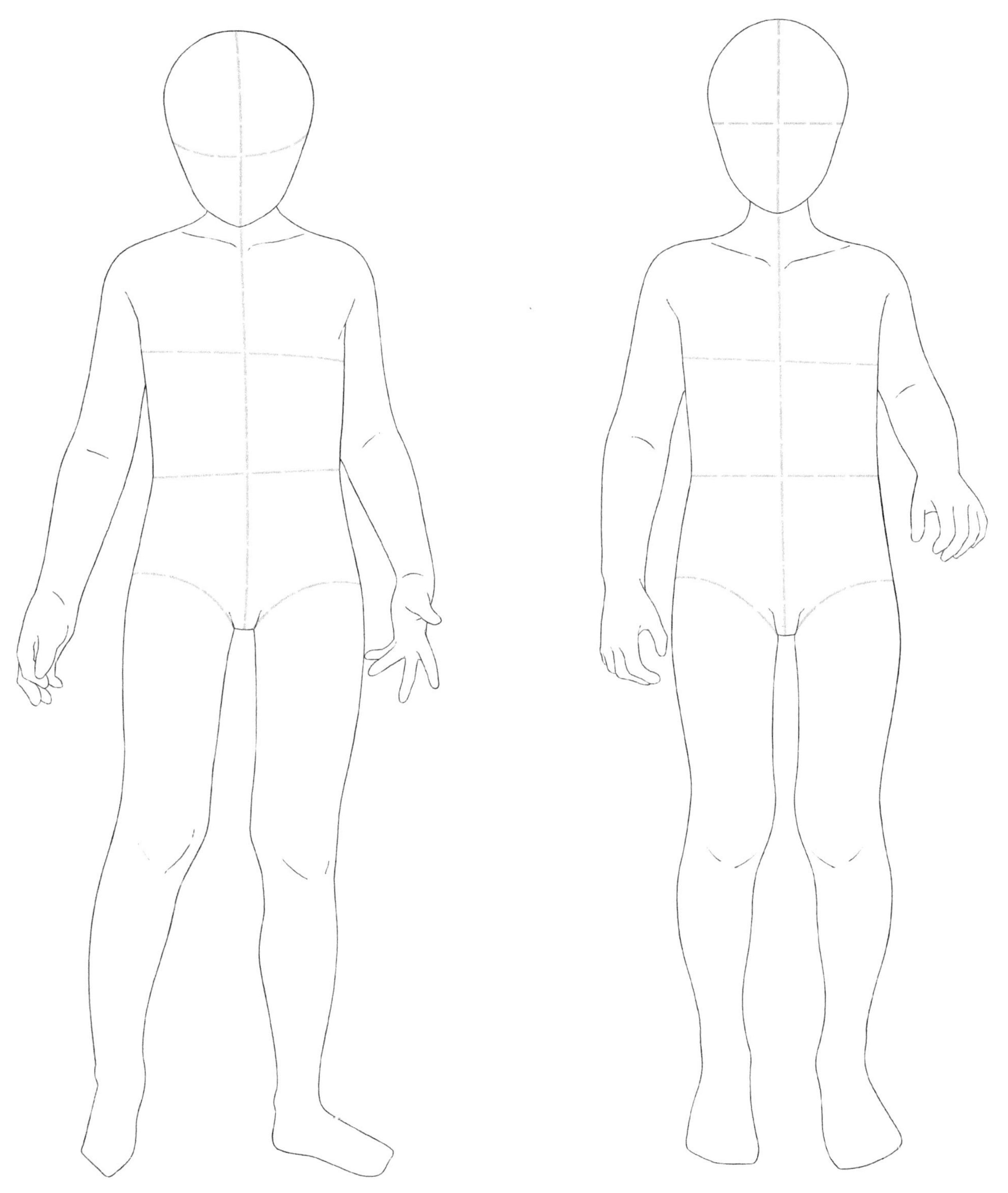

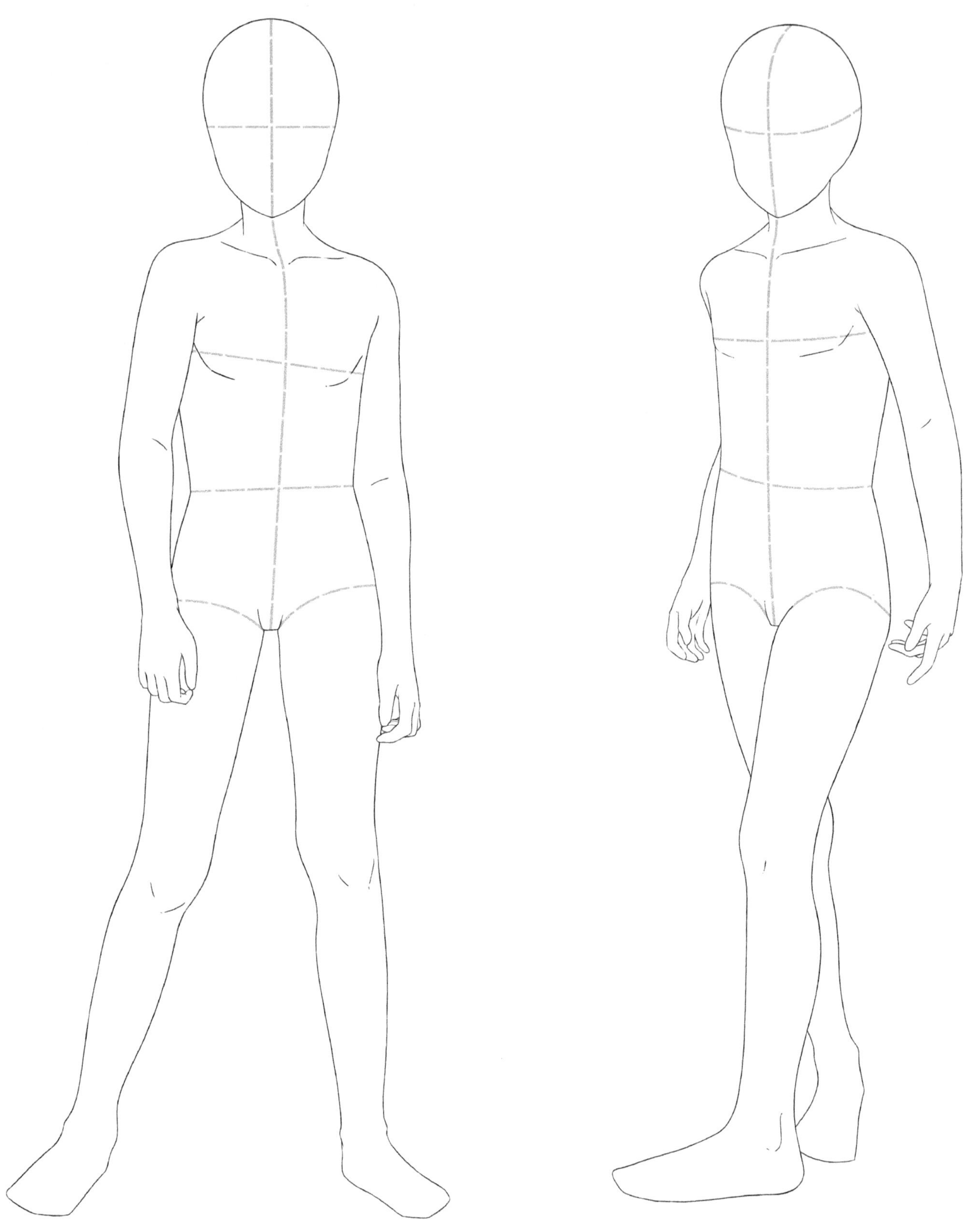

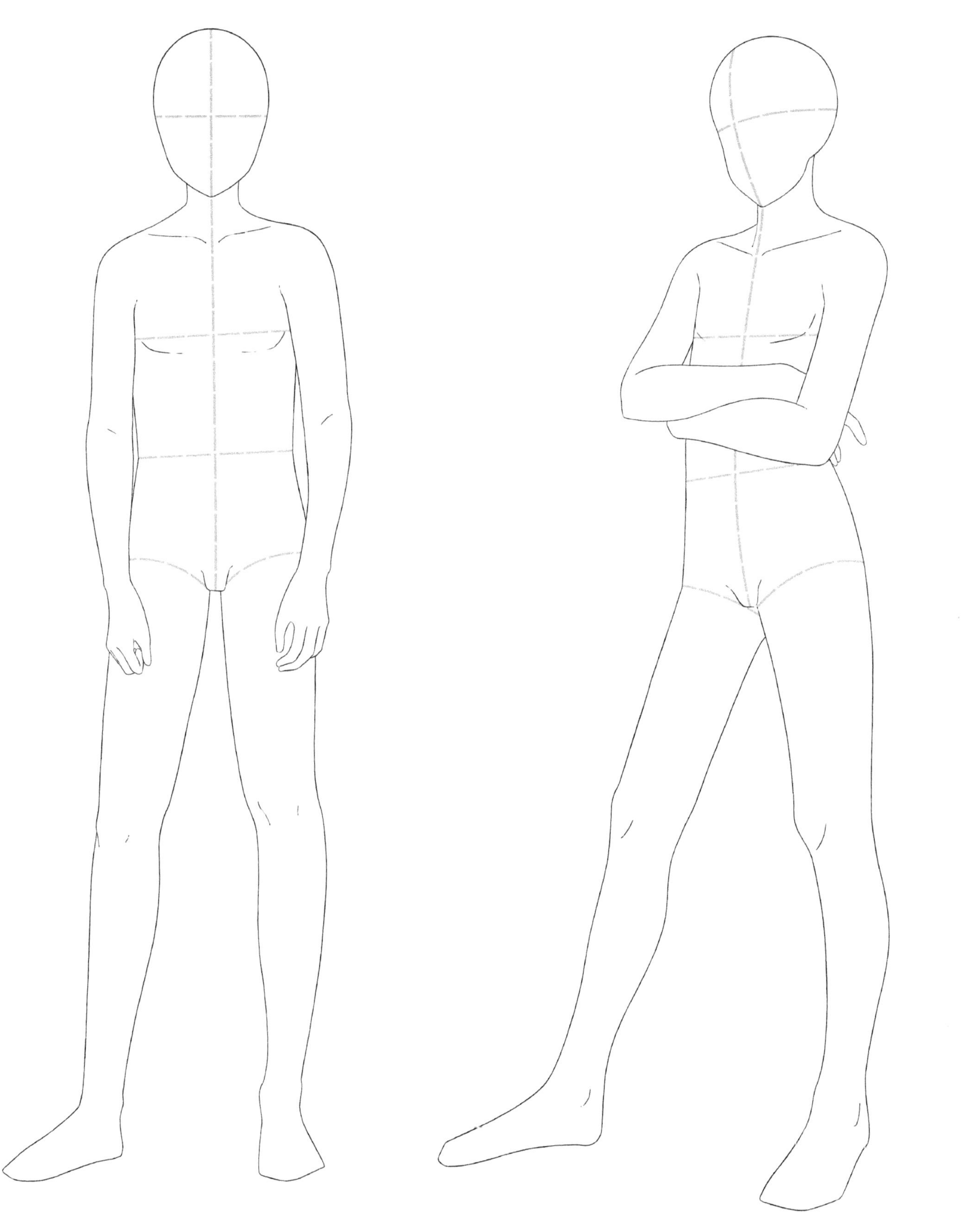

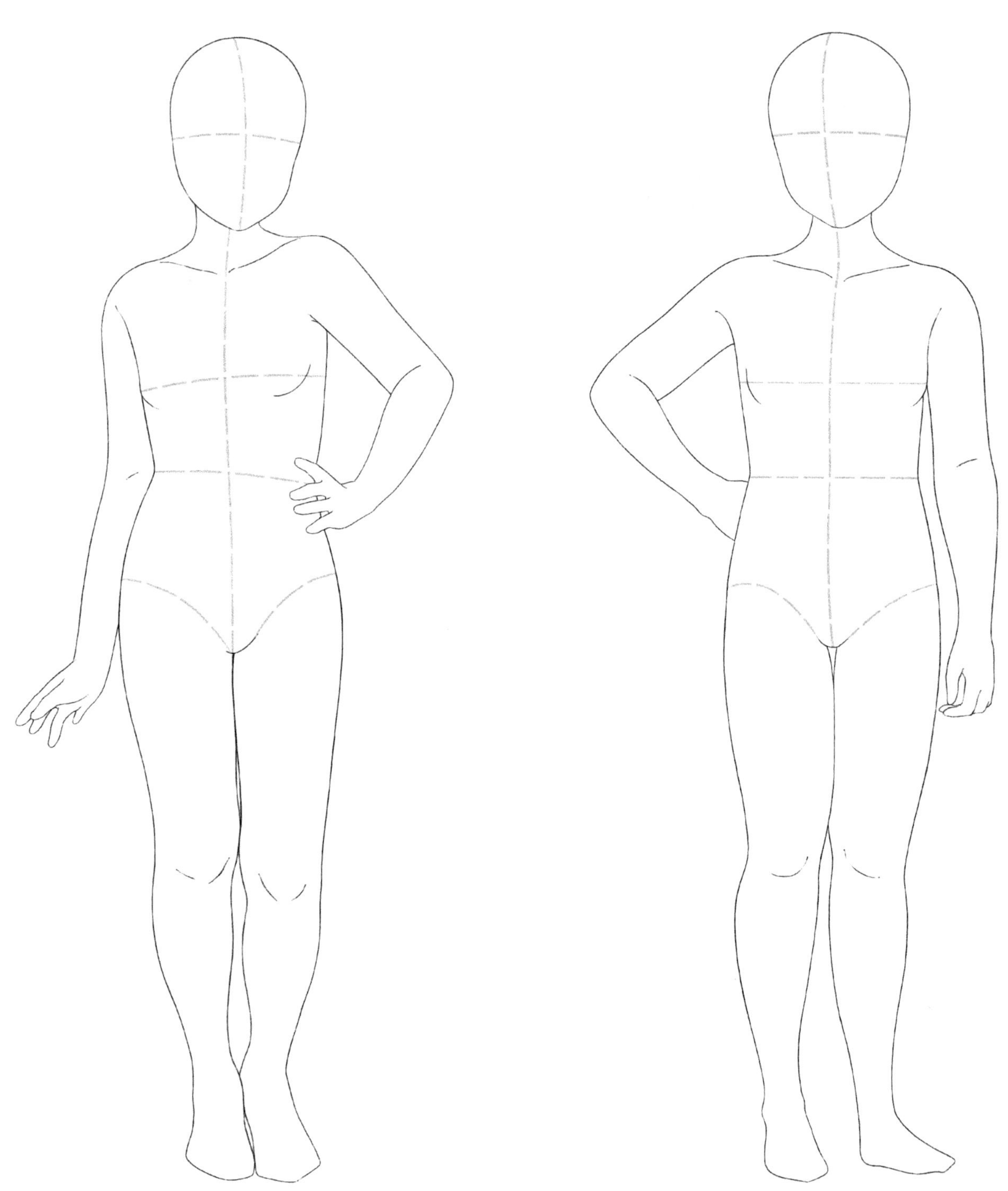

GIRL'S FASHION FIGURINE  | 3-5 YEARS

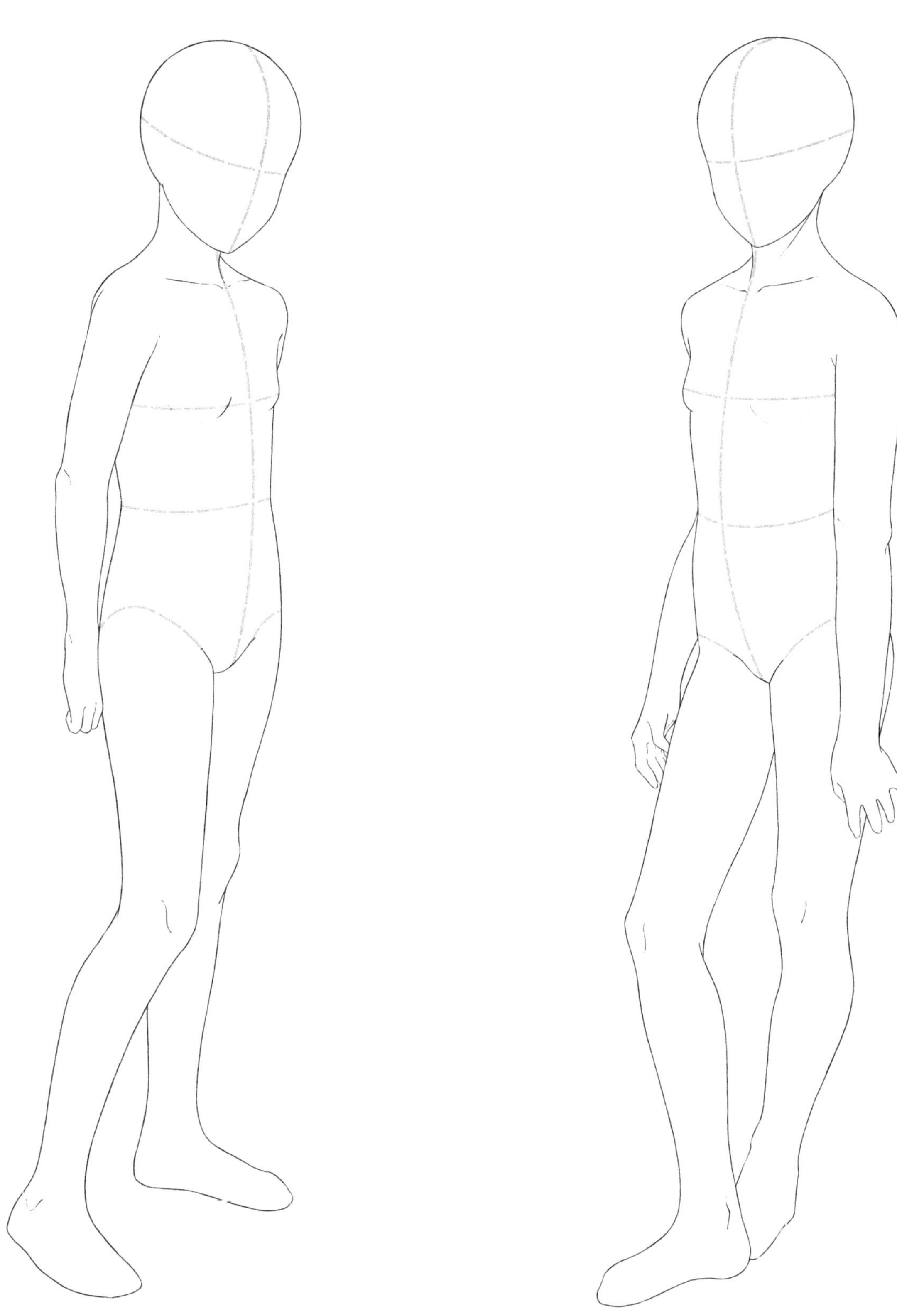

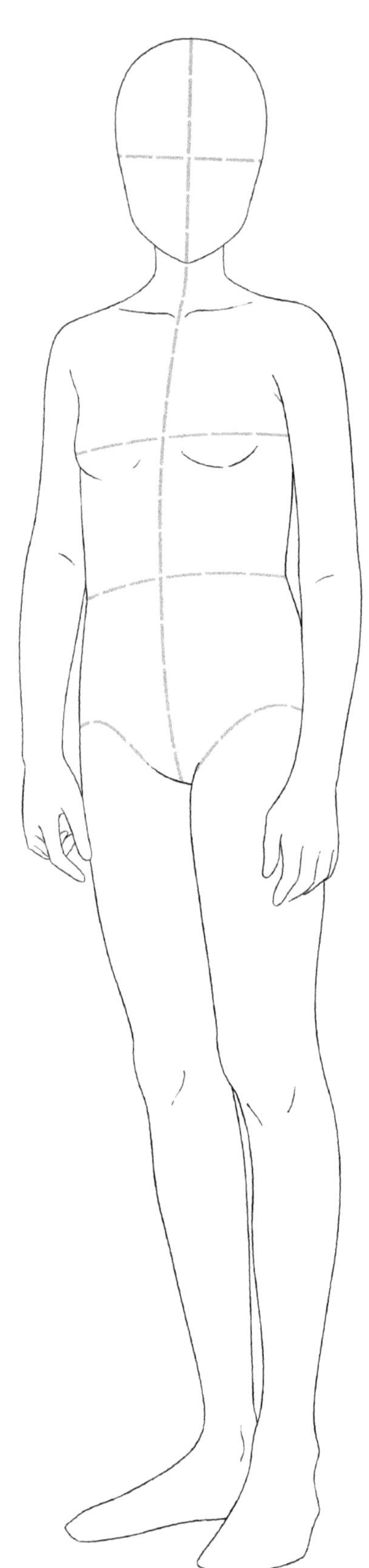
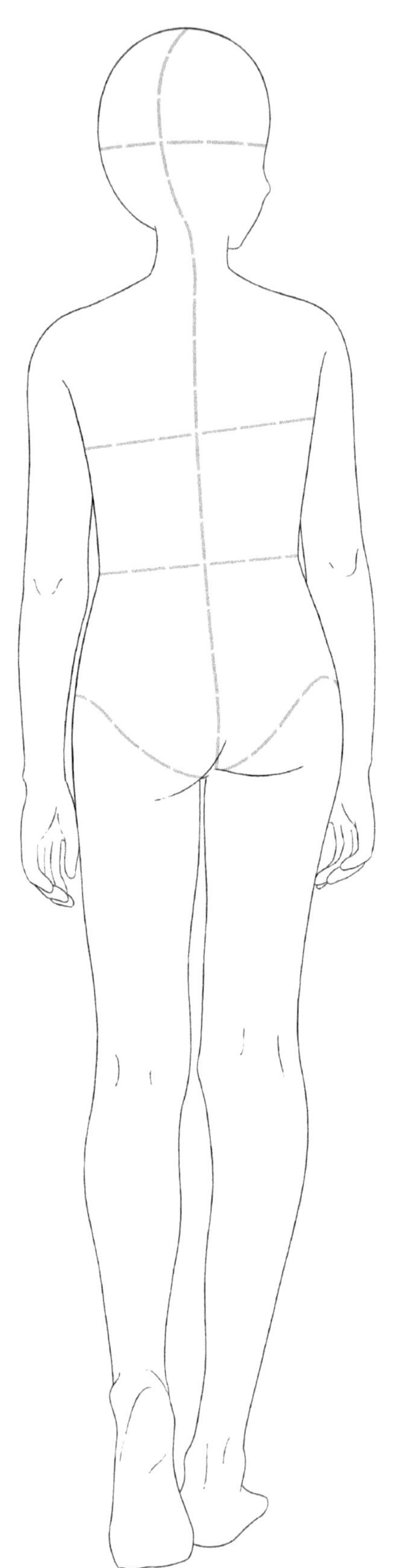

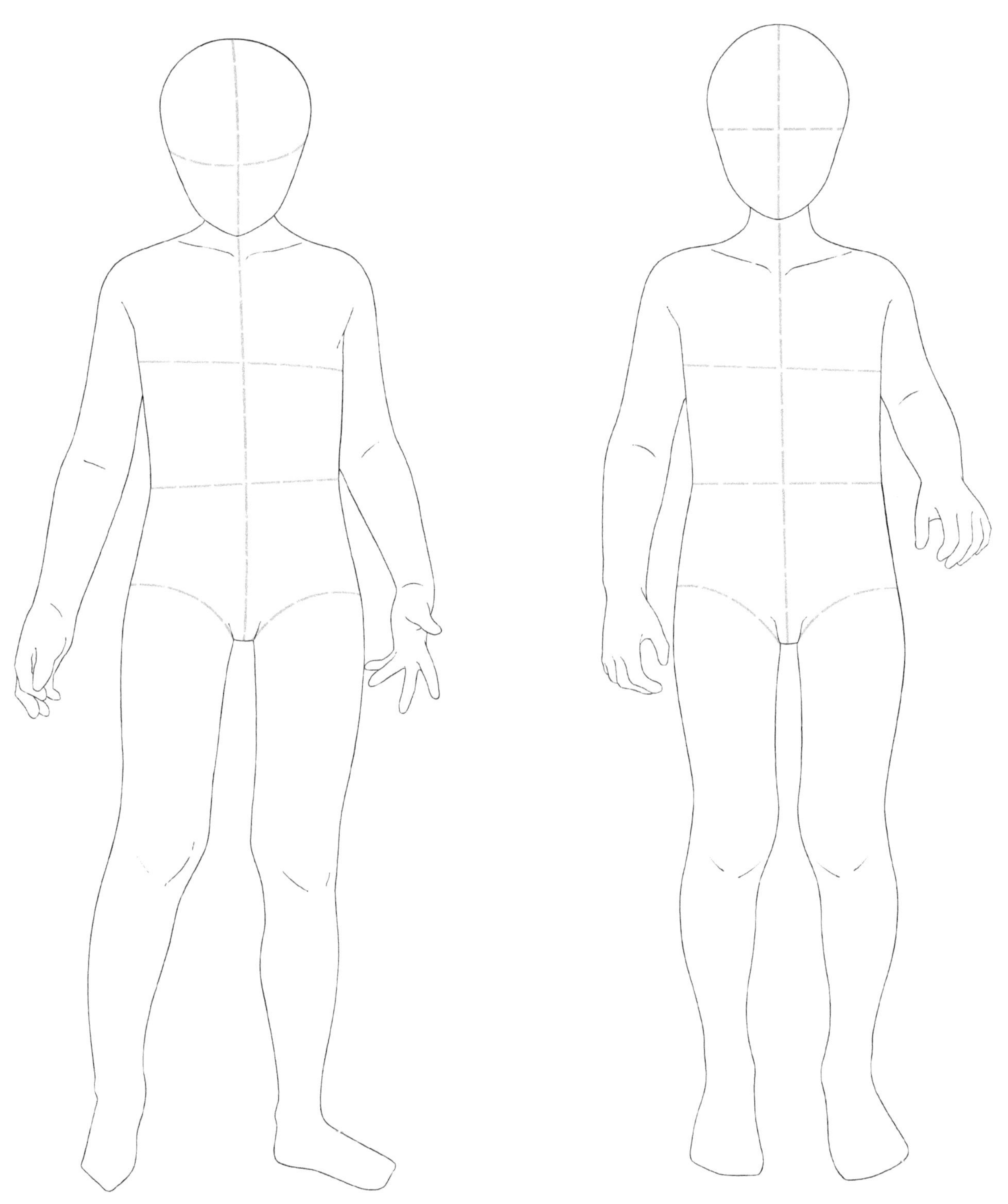

BOY'S FASHION FIGURINE | 3-5 YEARS

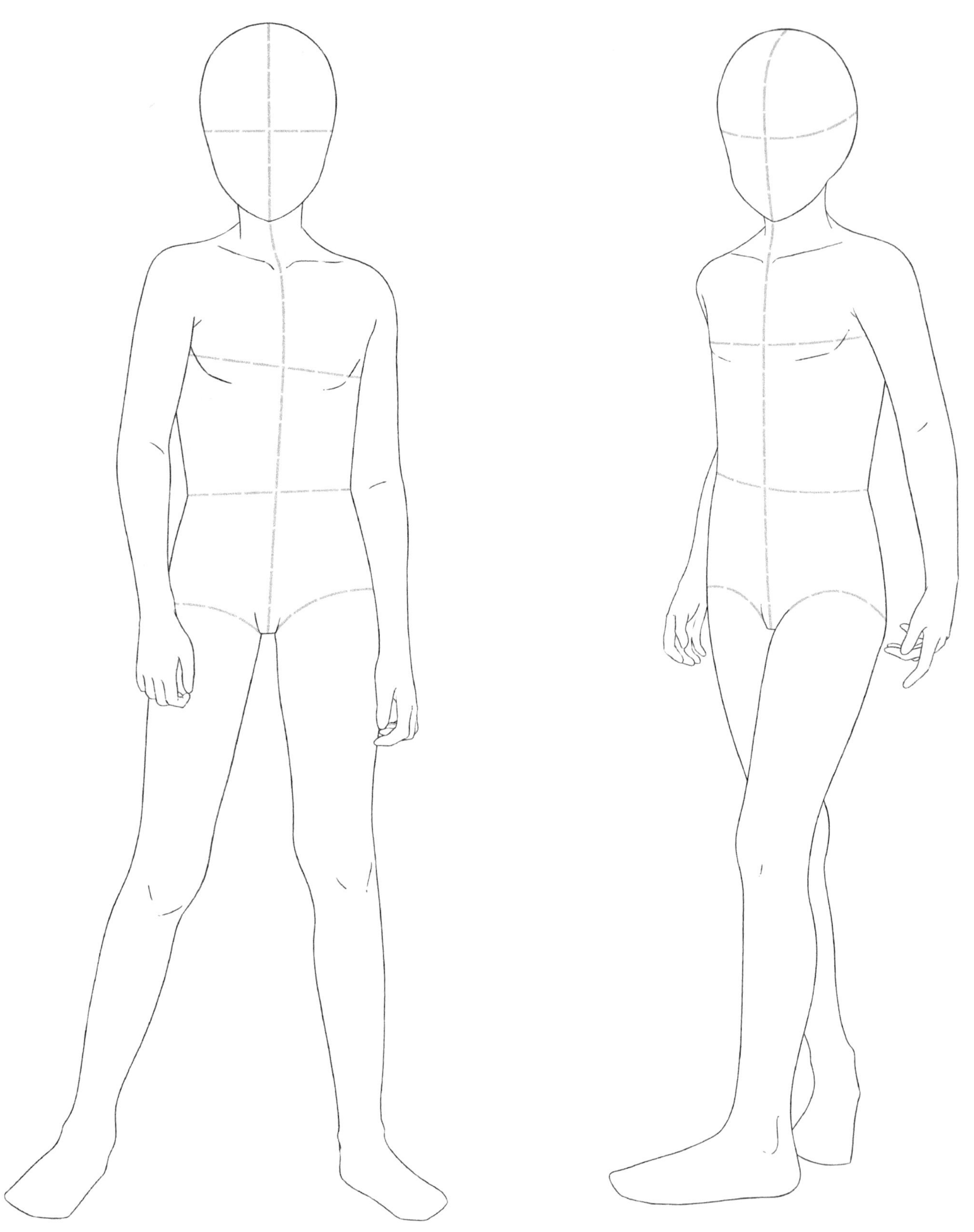

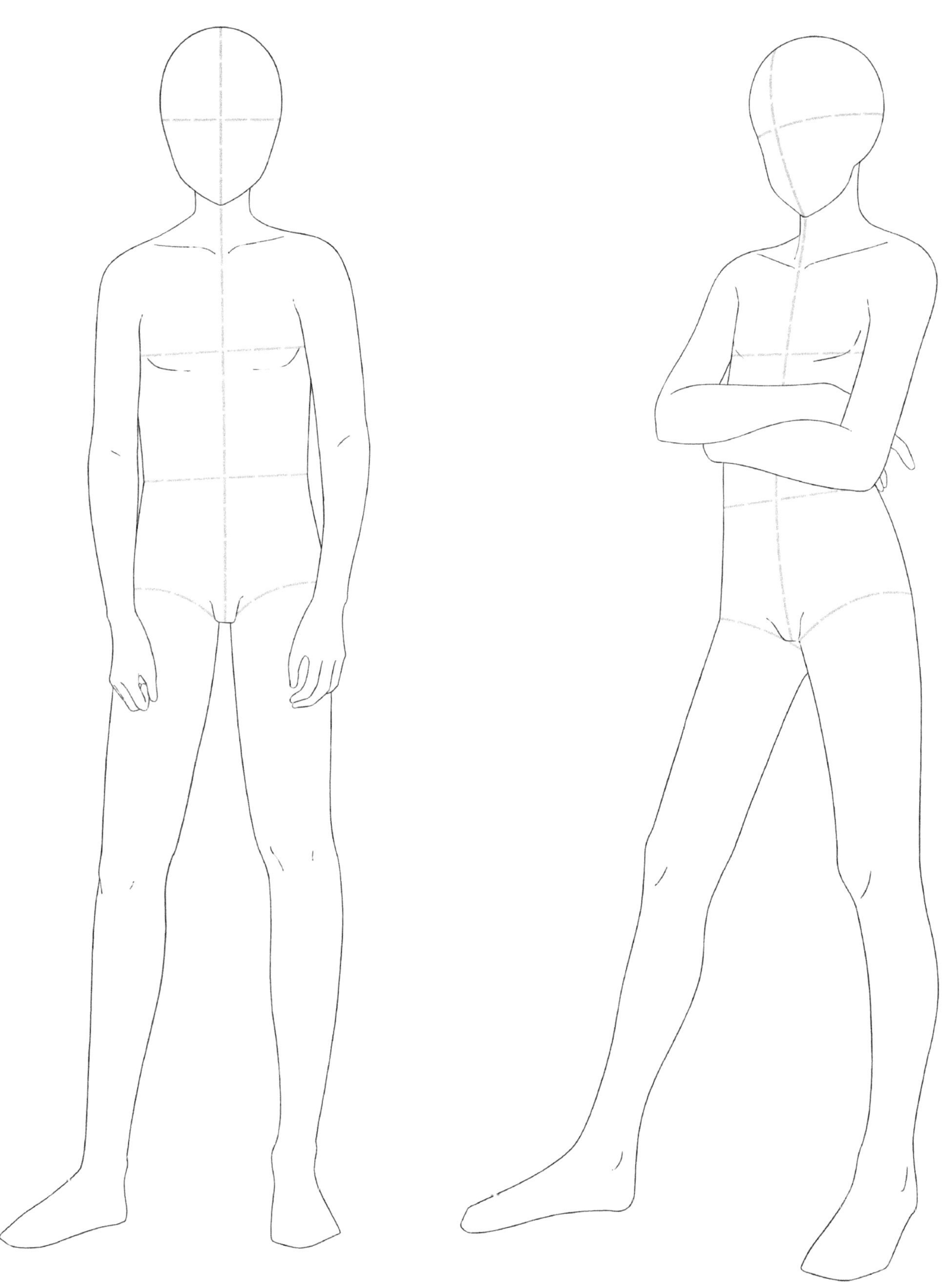

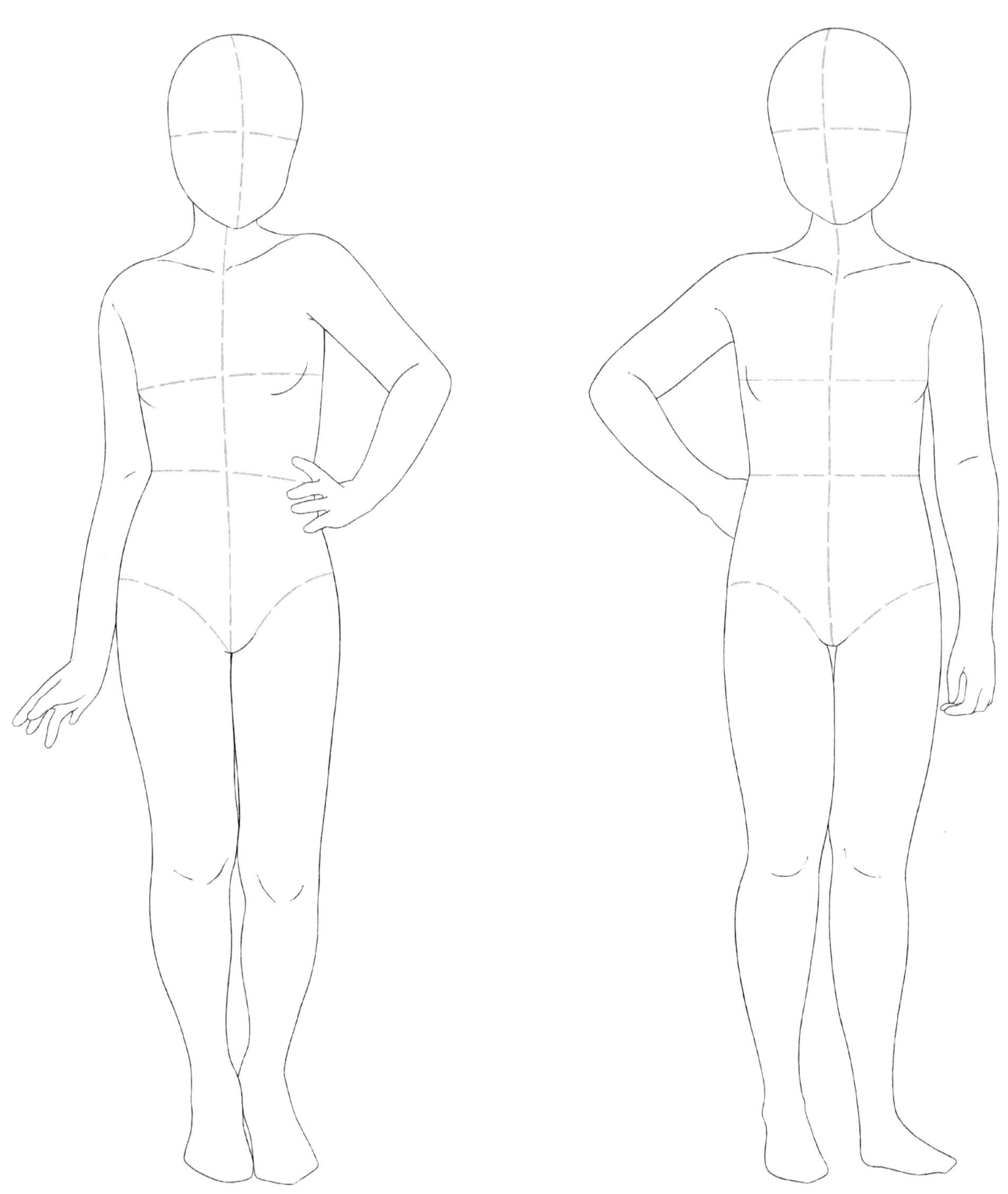

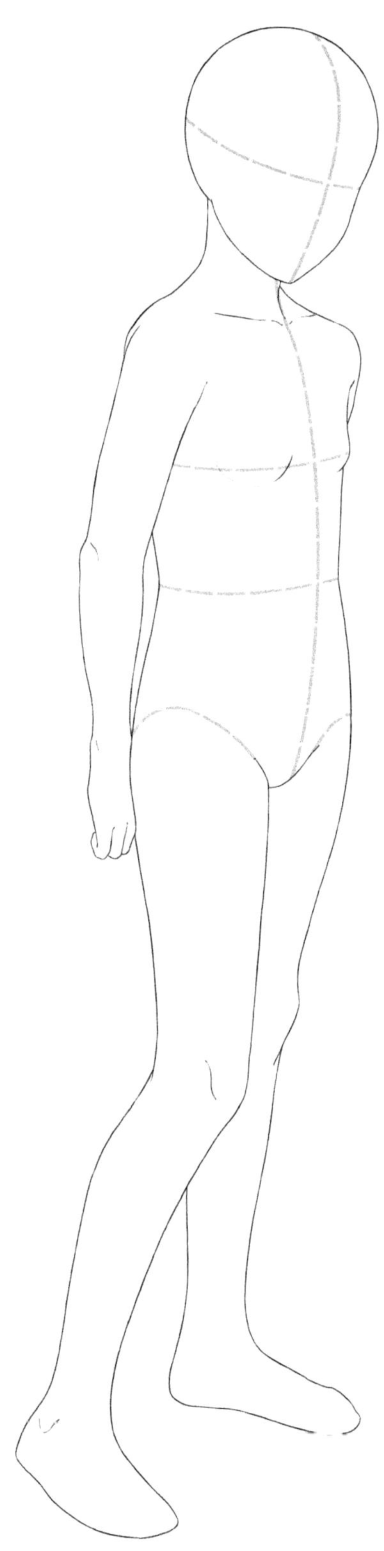
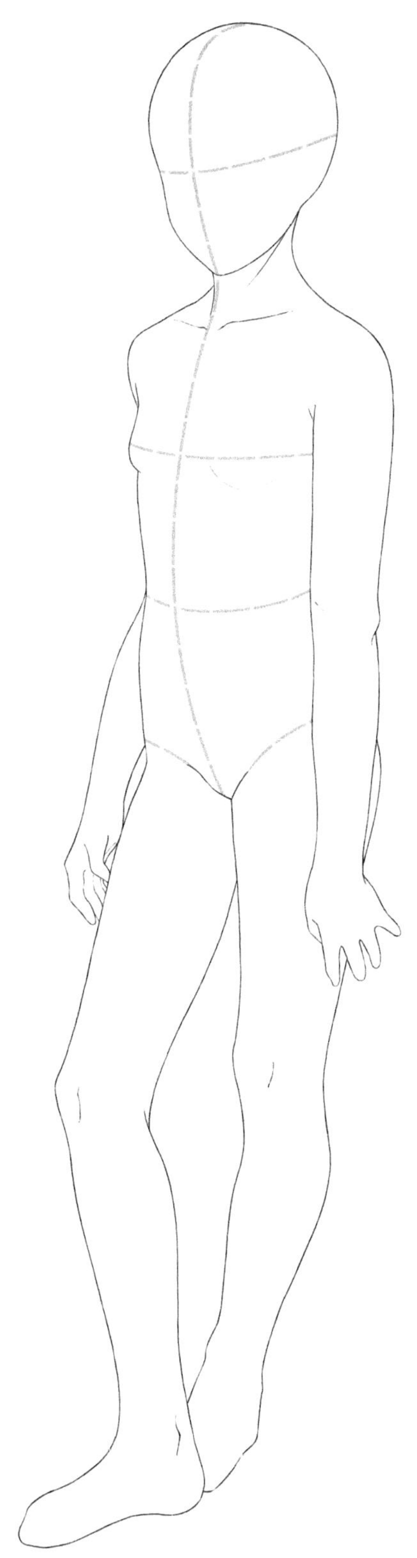

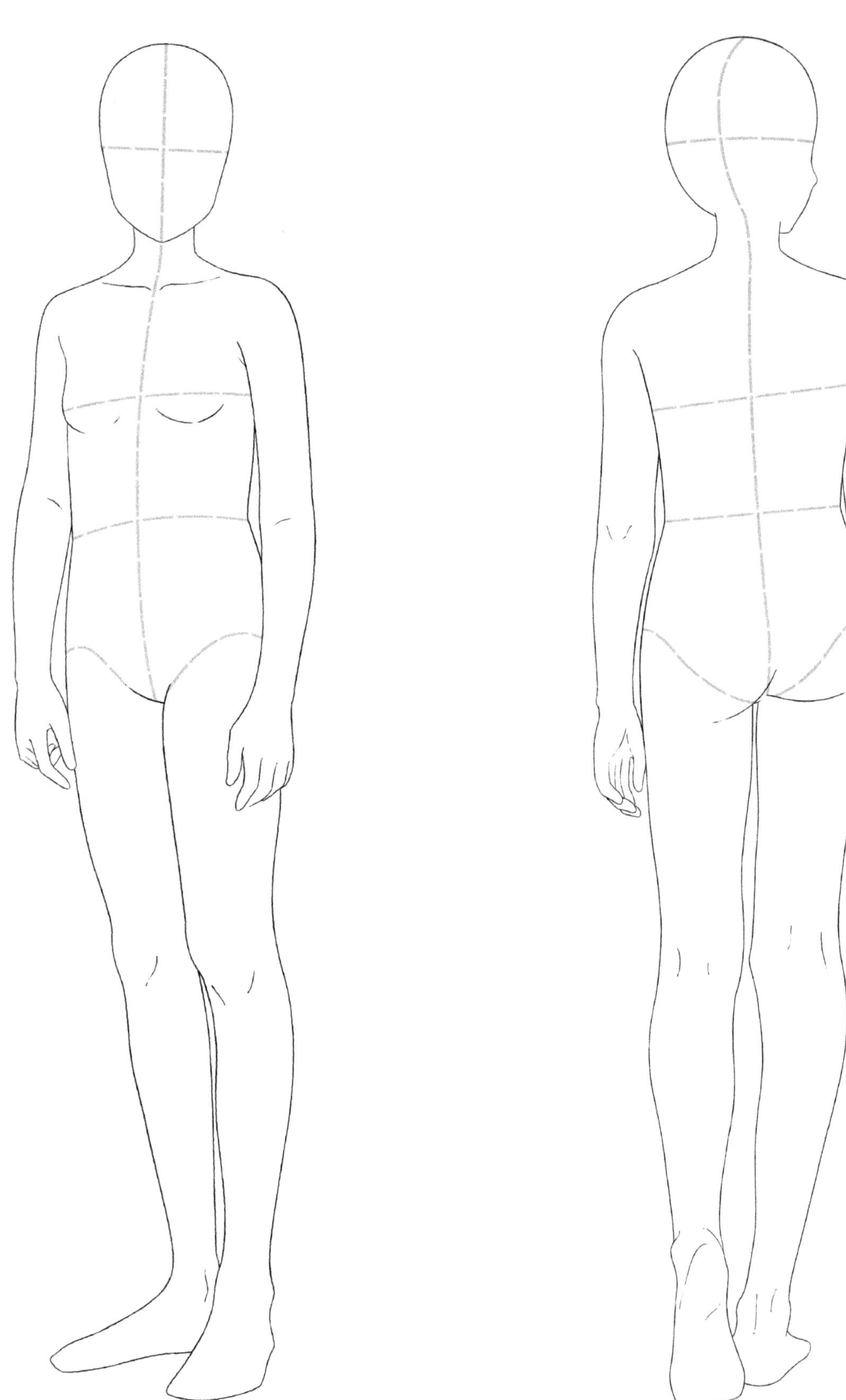

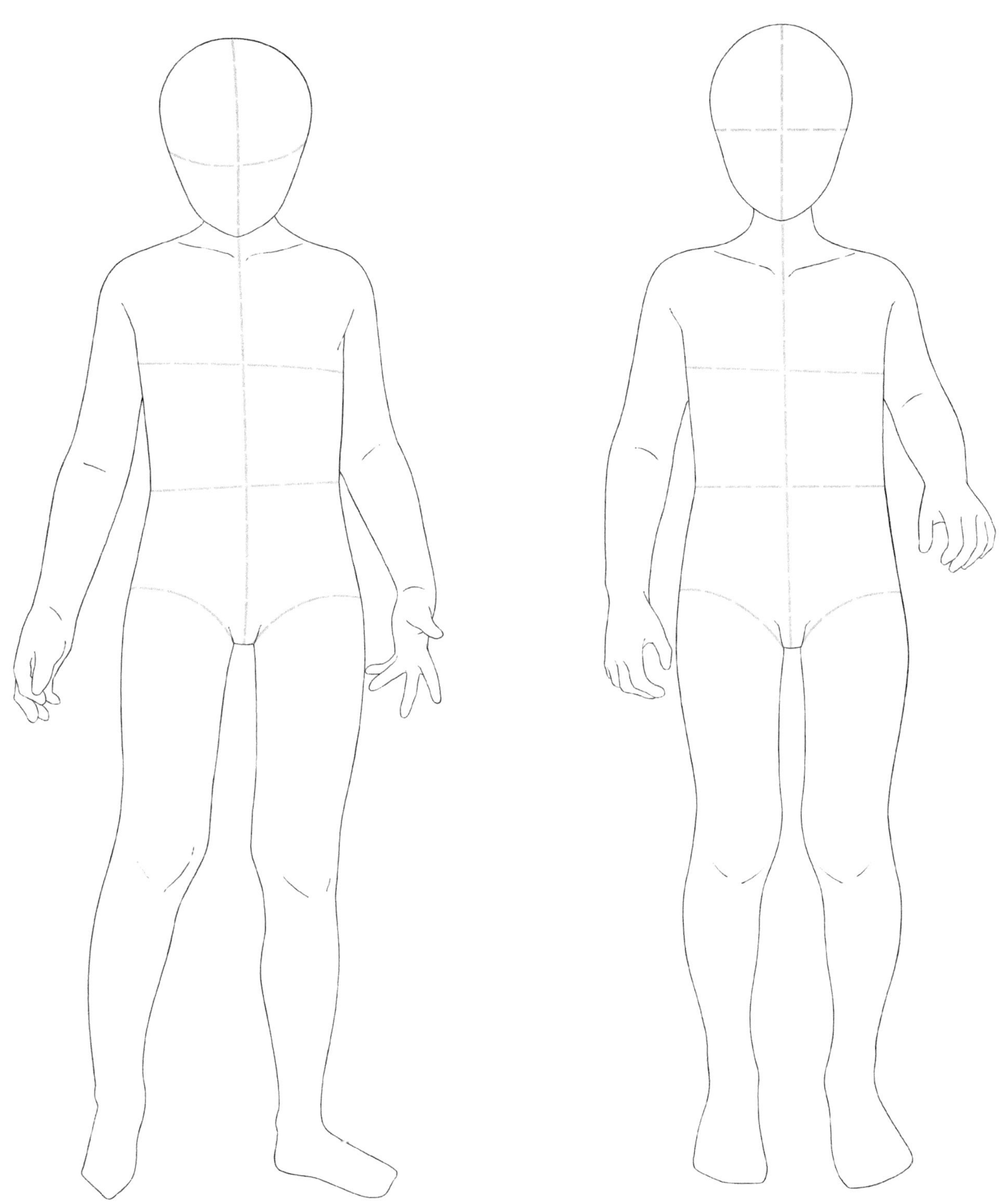

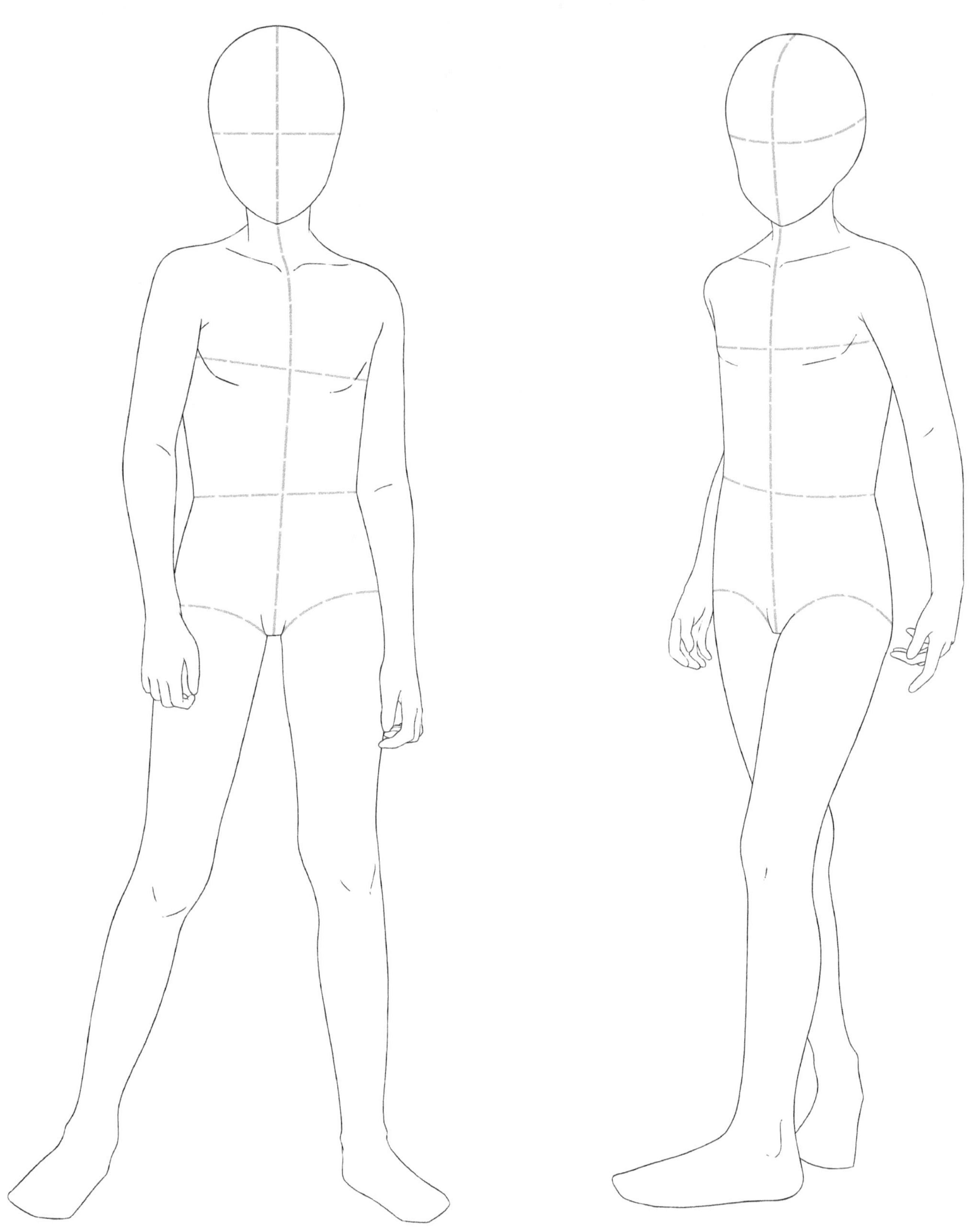

BOY'S FASHION FIGURINE | 6-8 YEARS

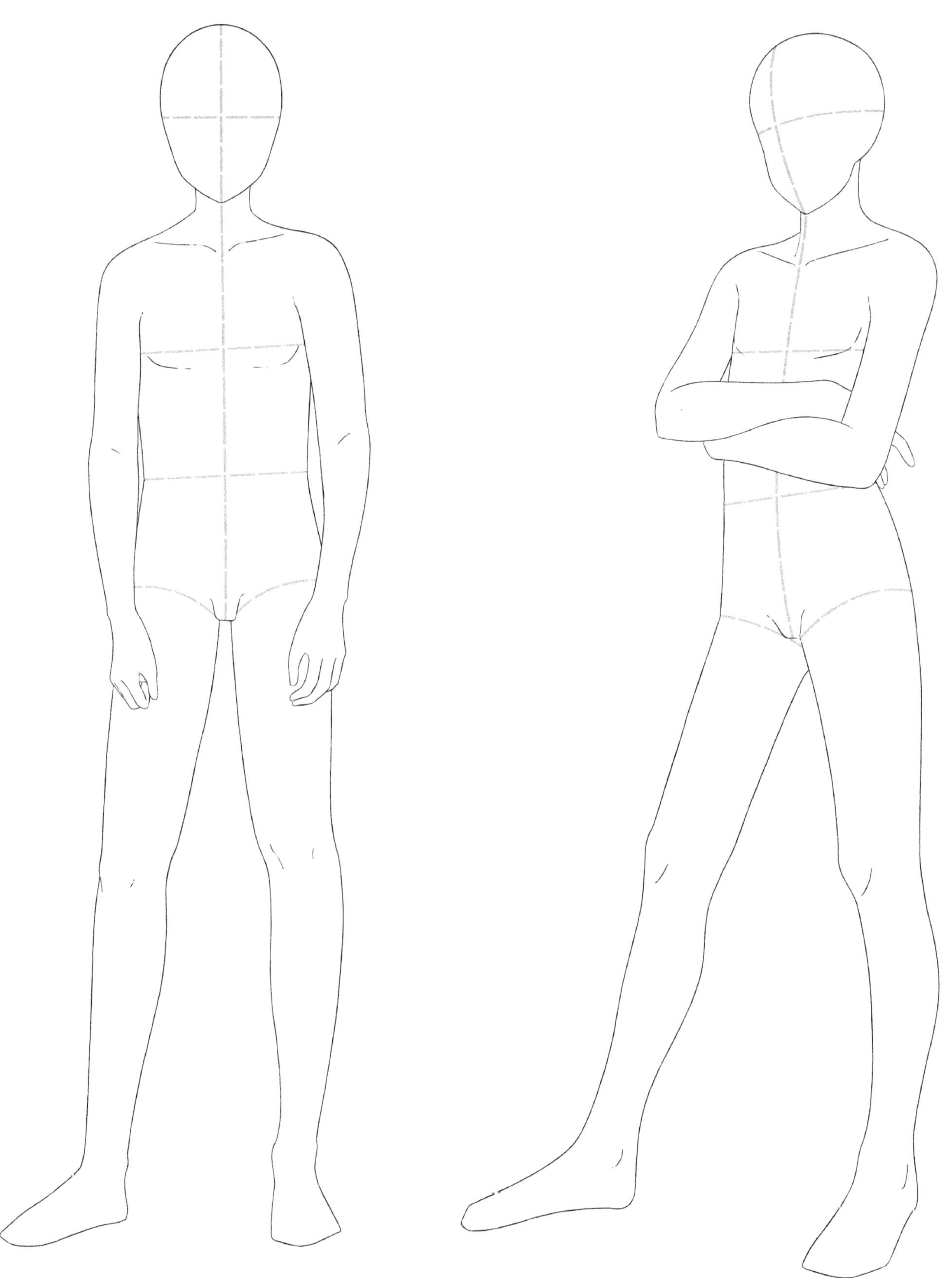

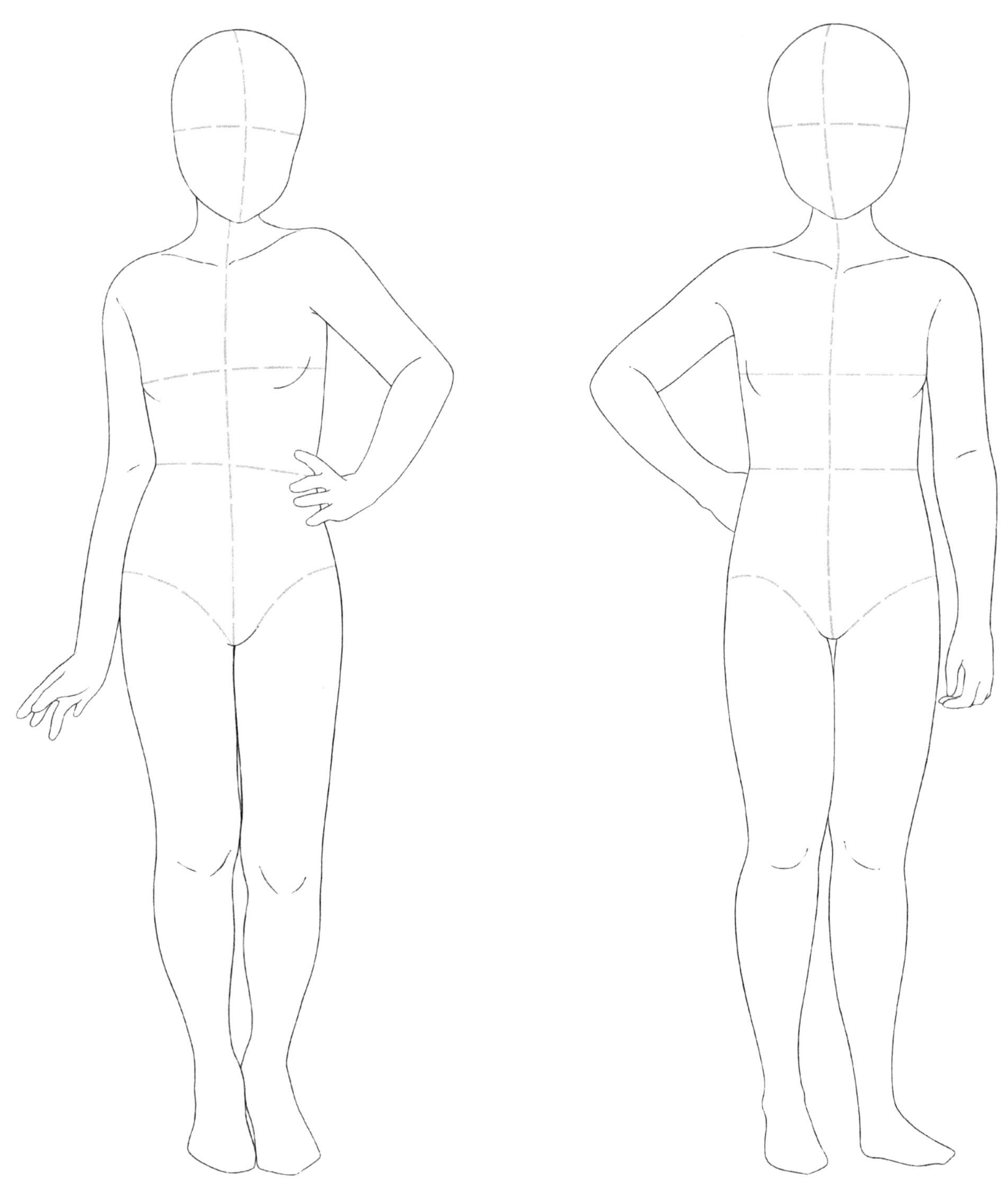

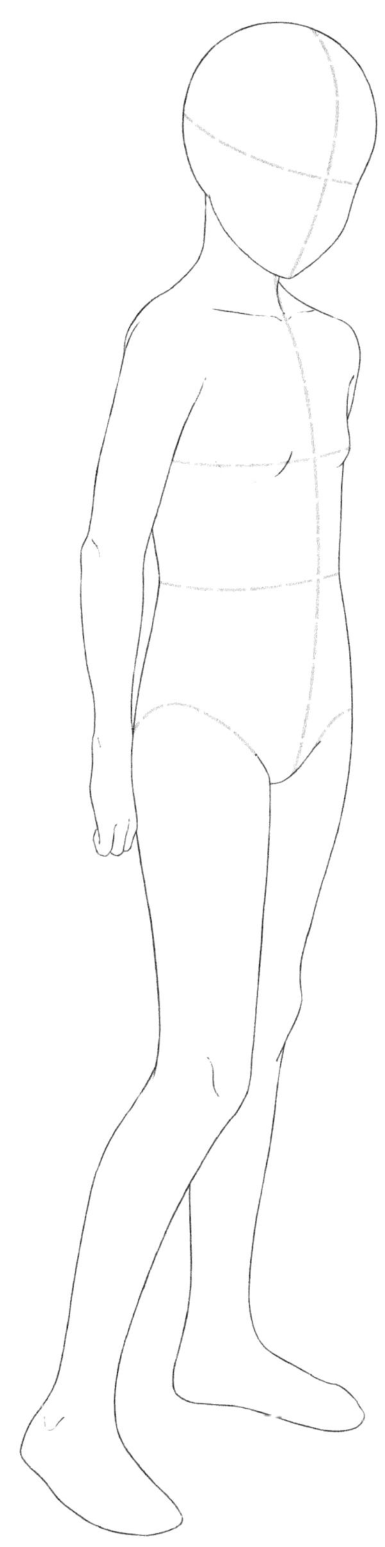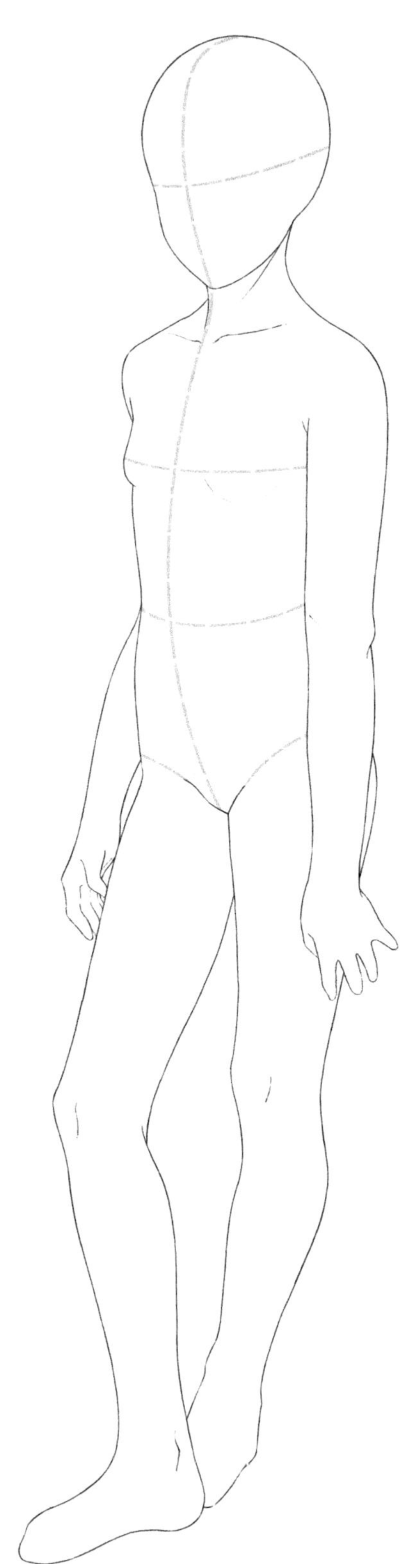

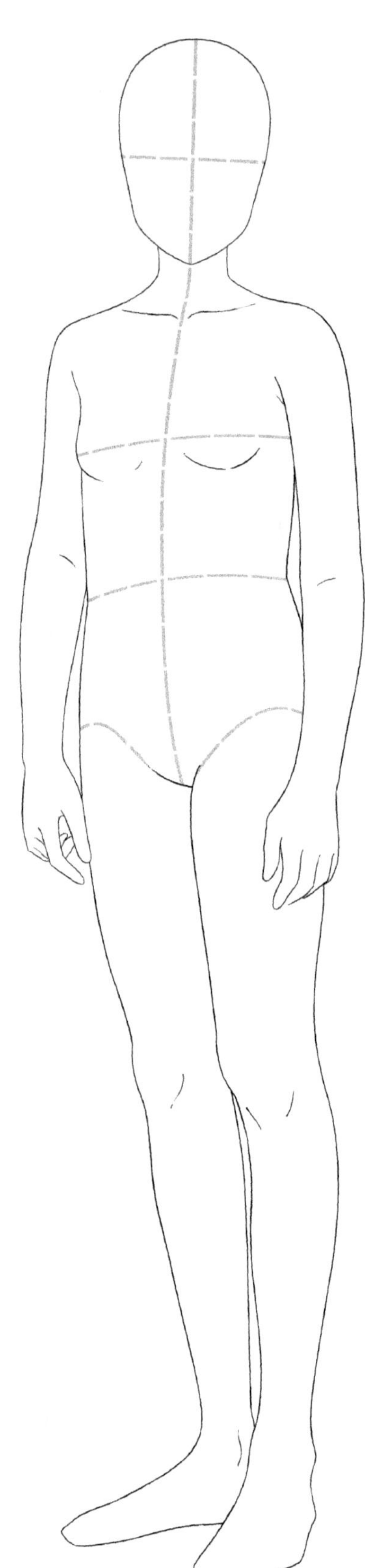
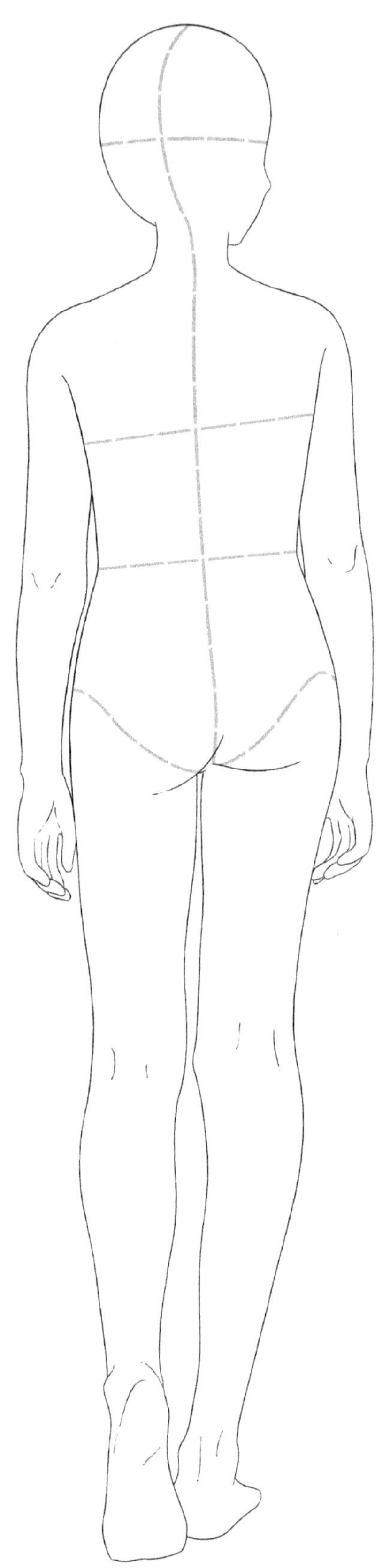

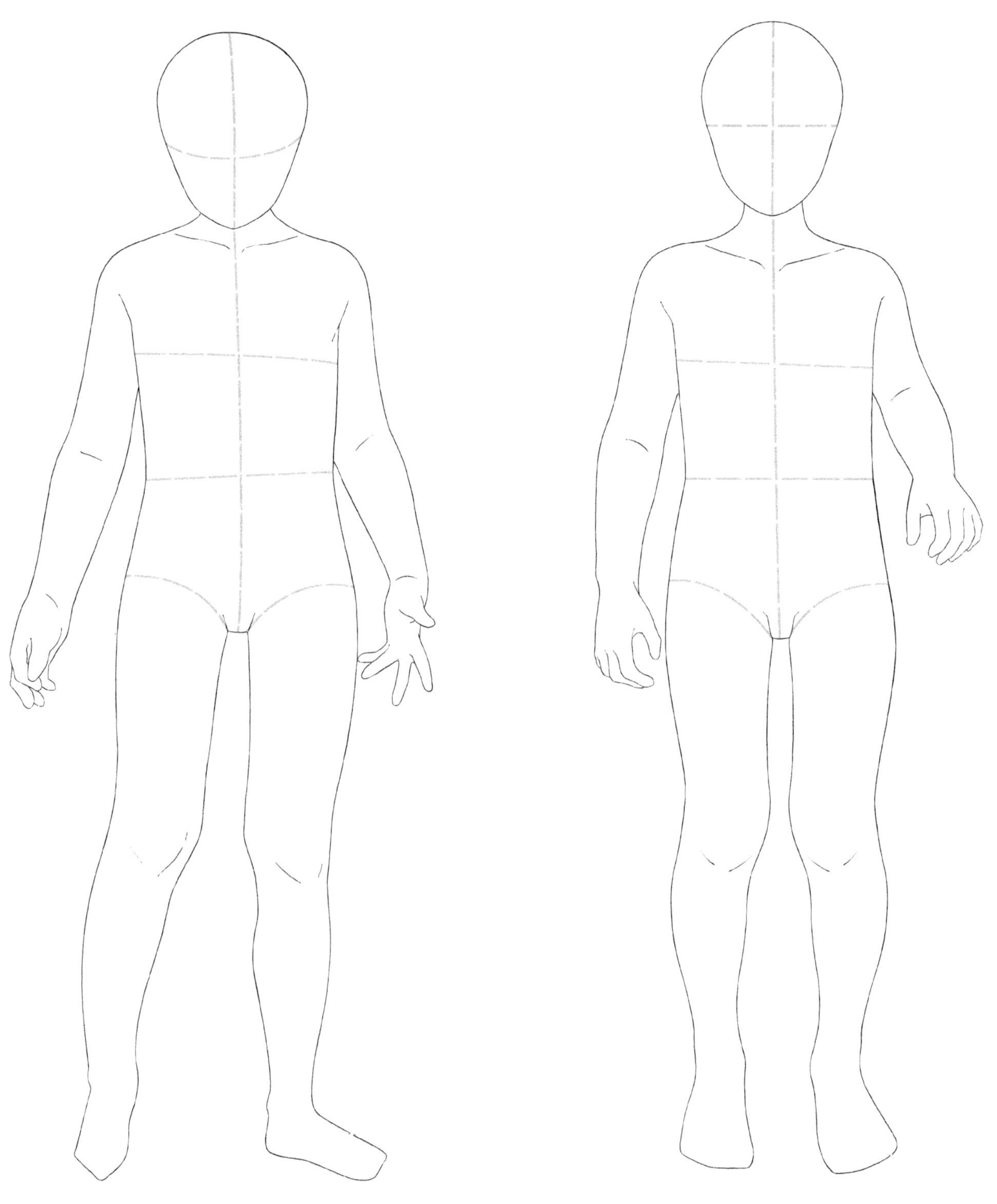

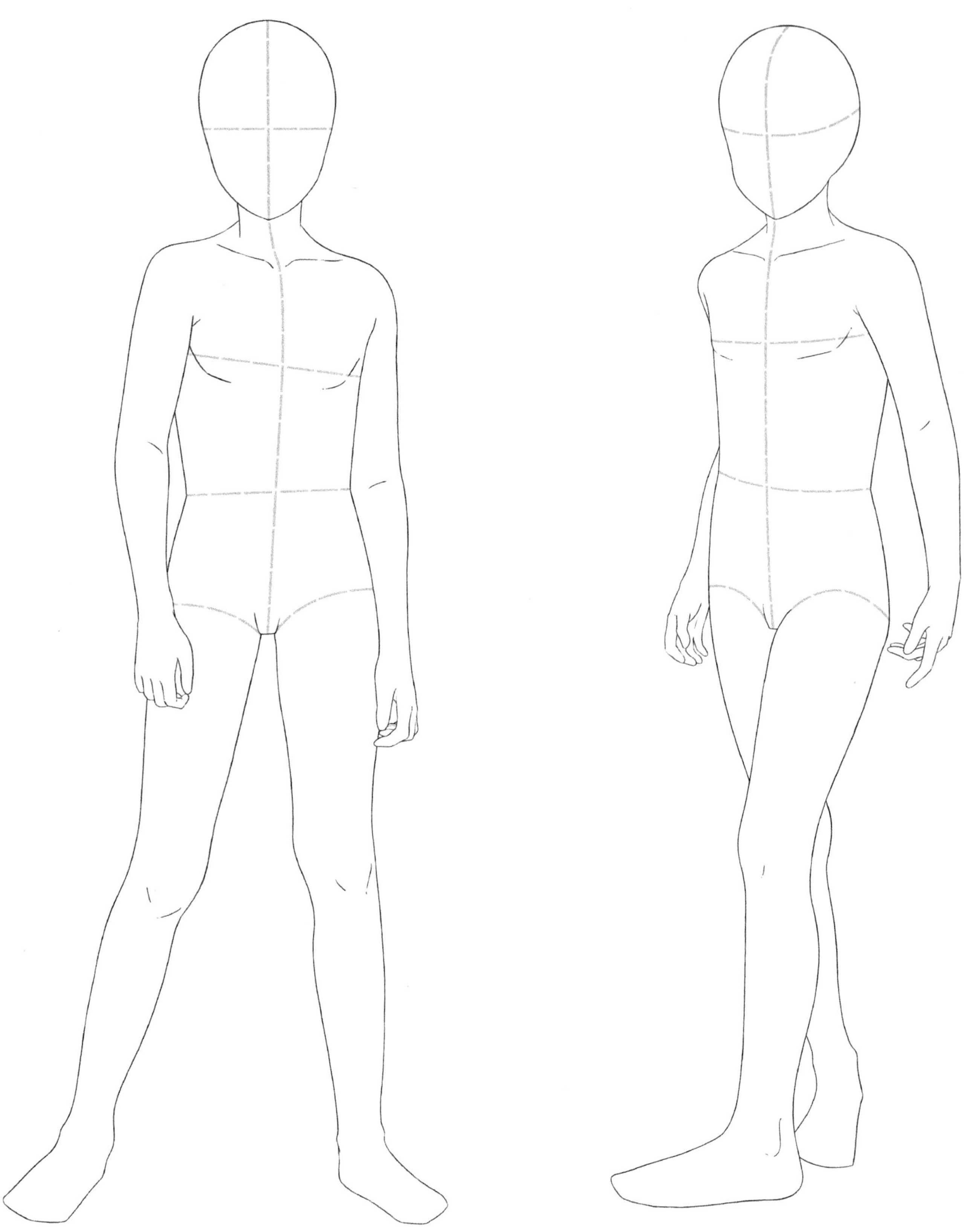

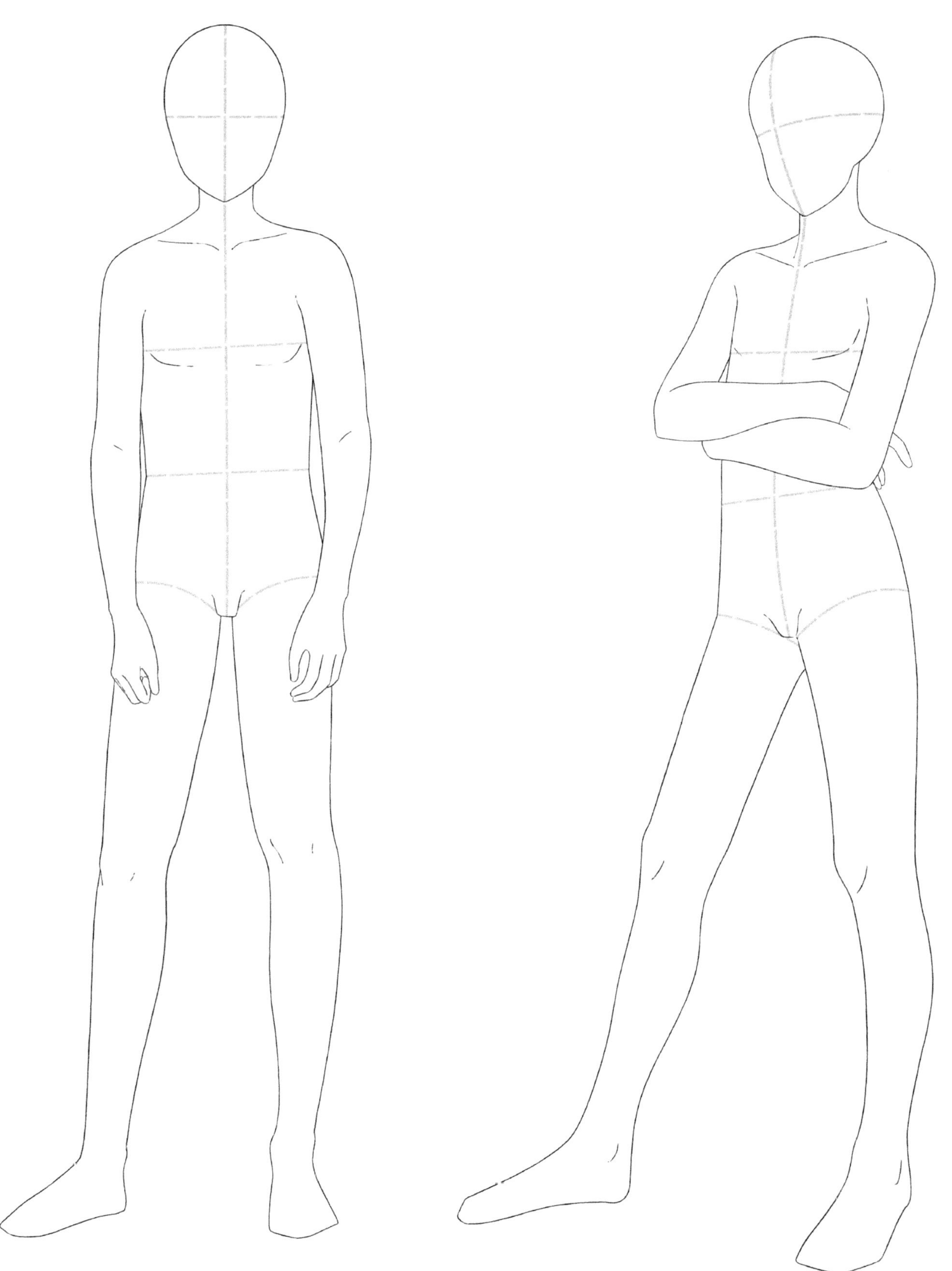

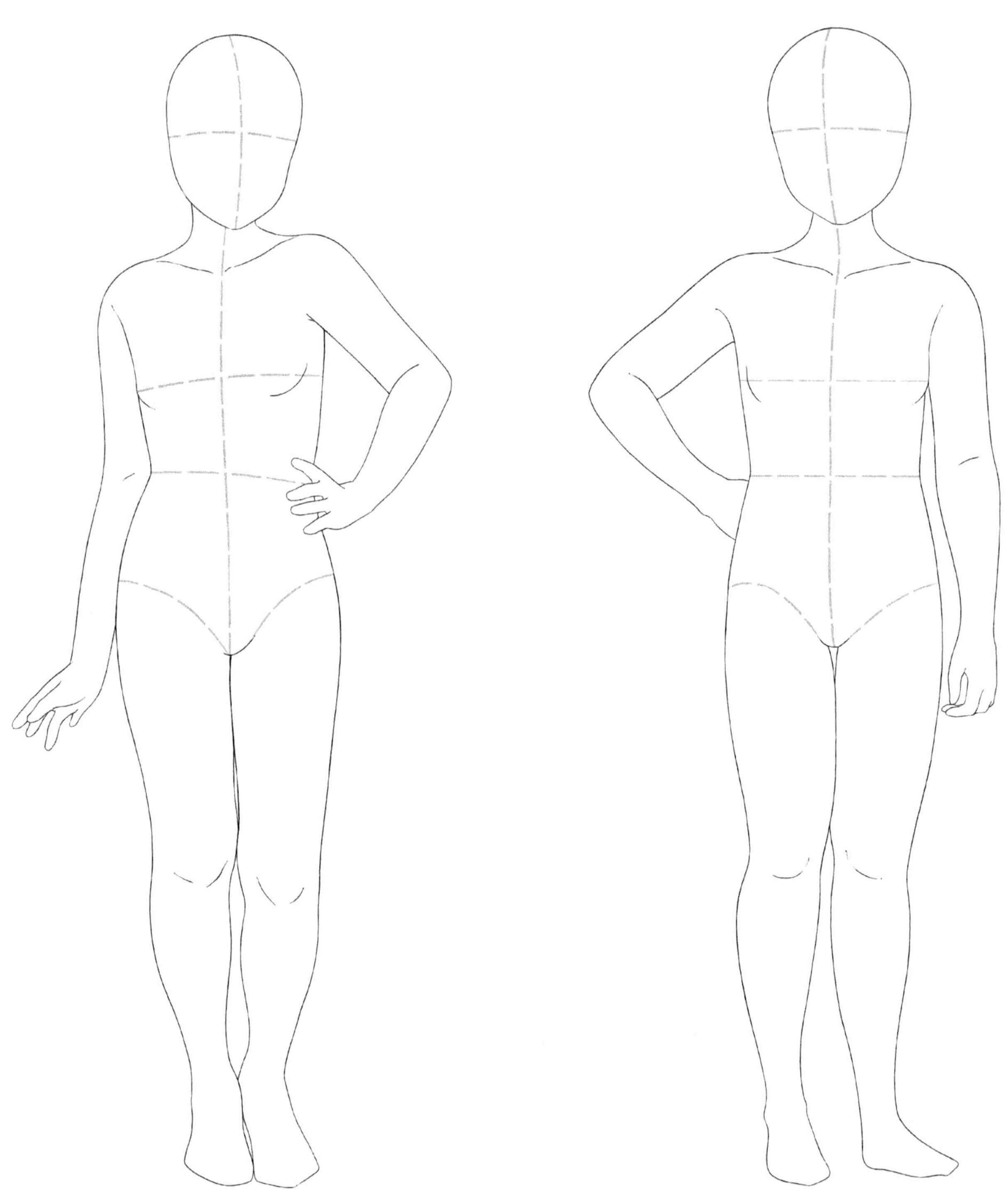

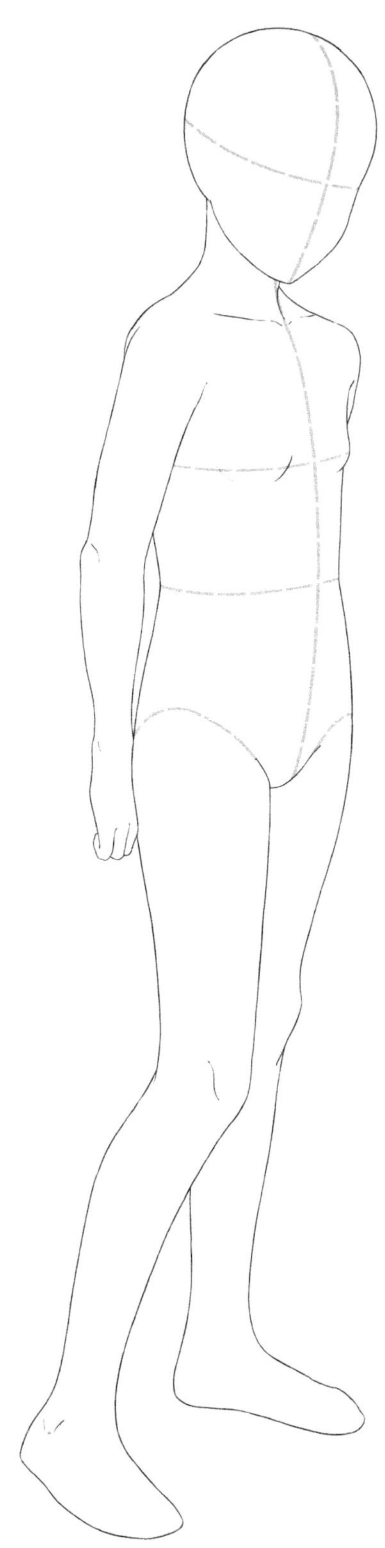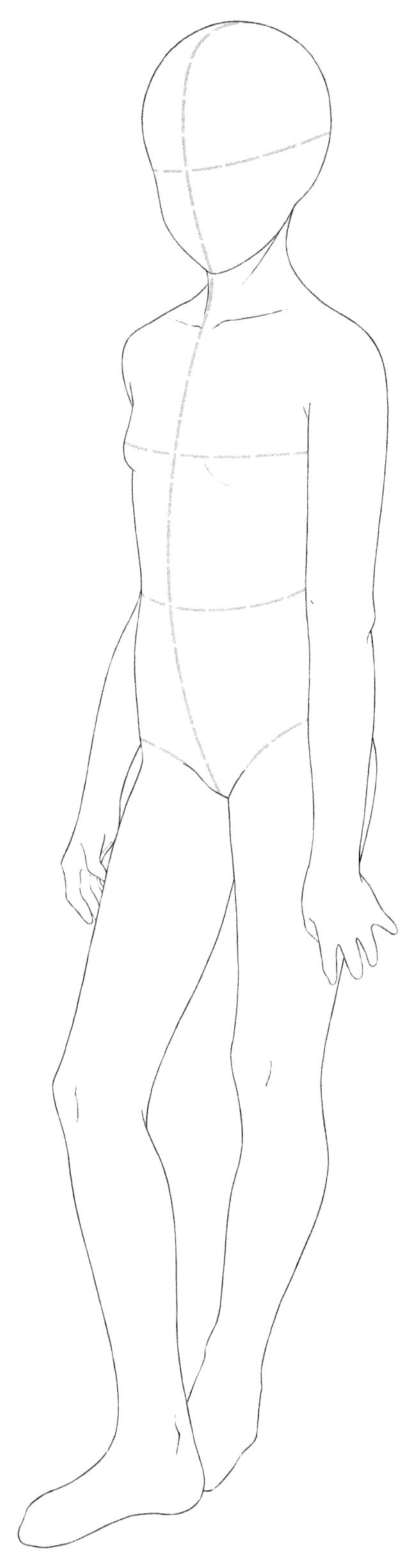

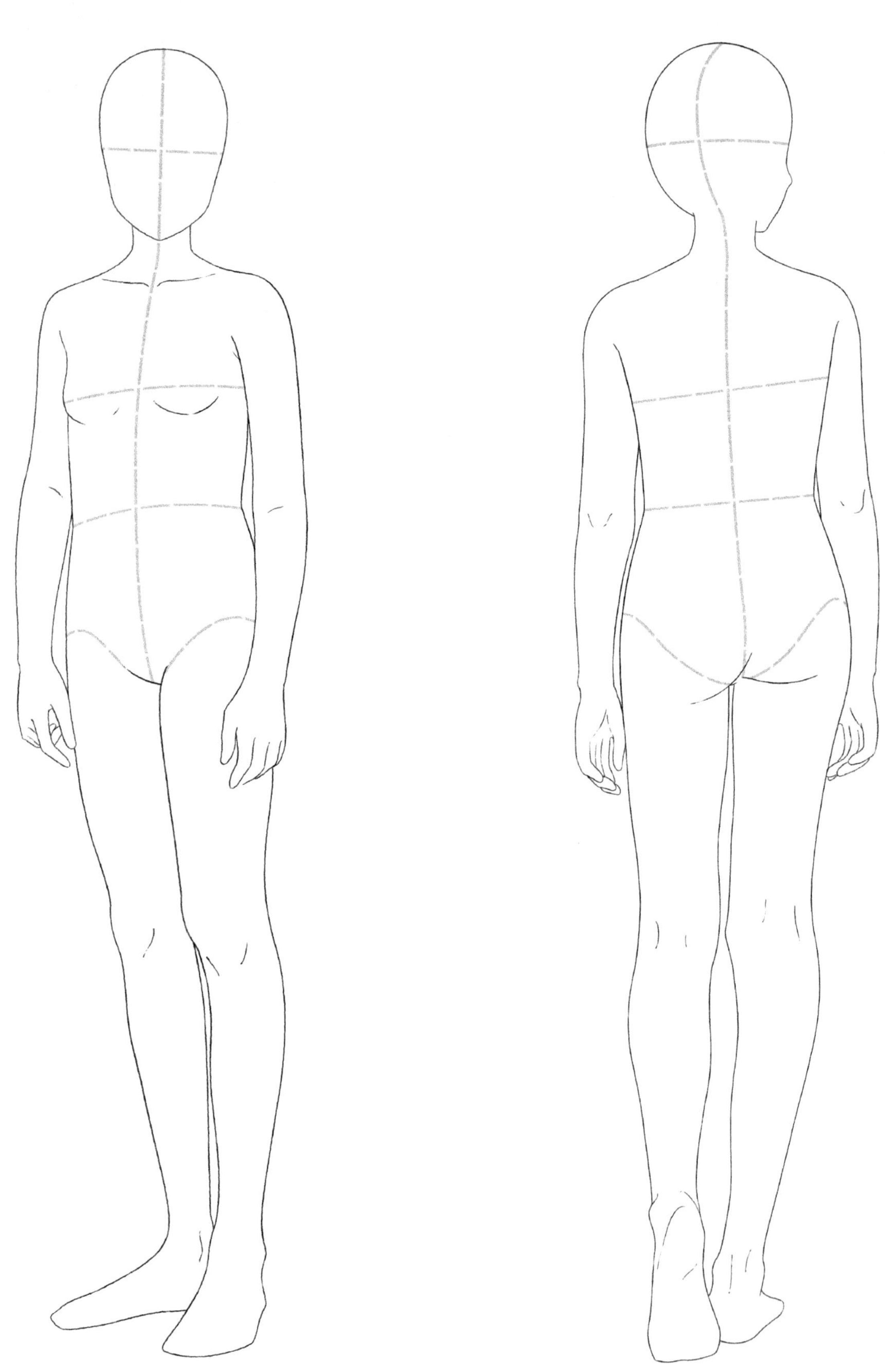

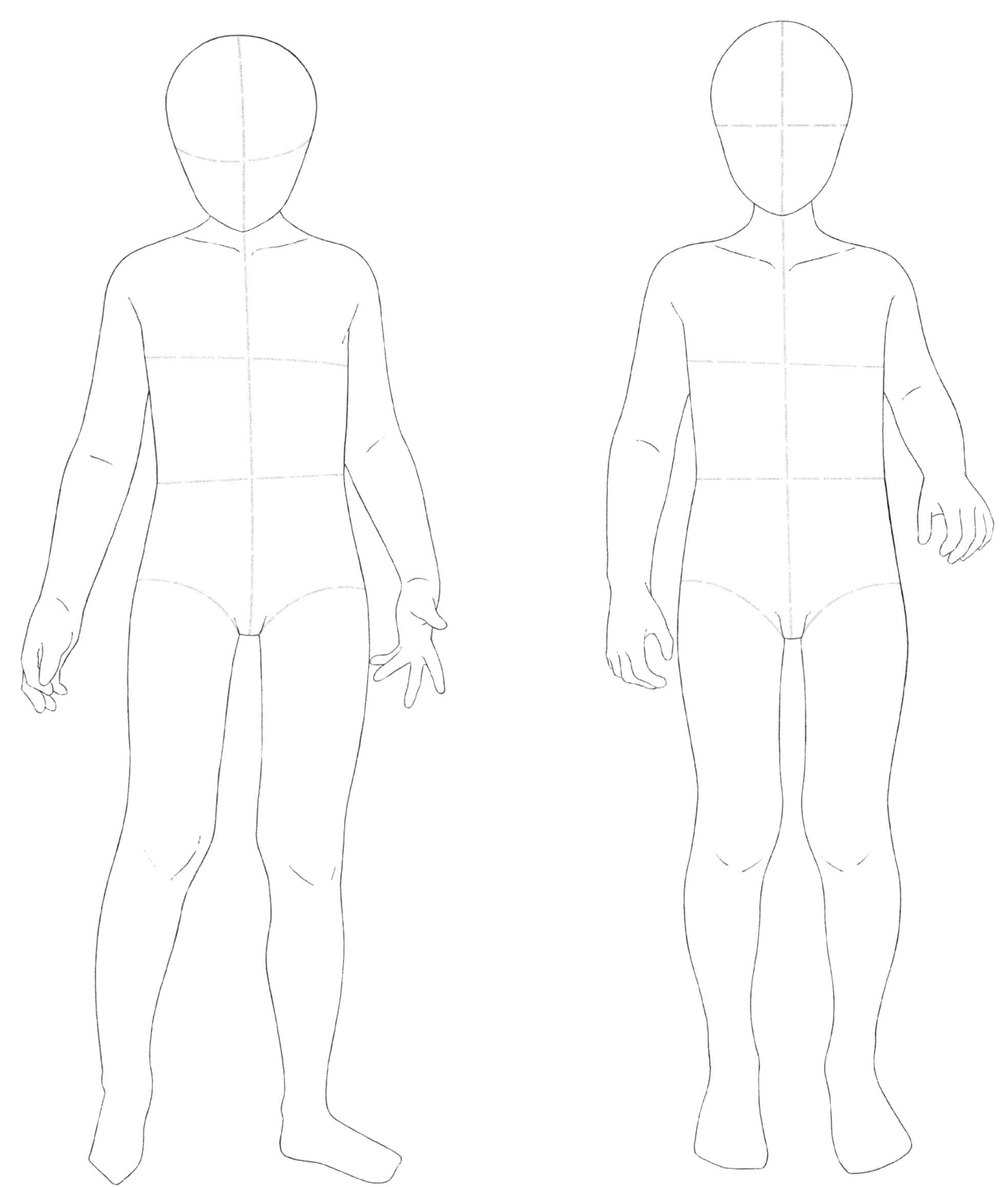

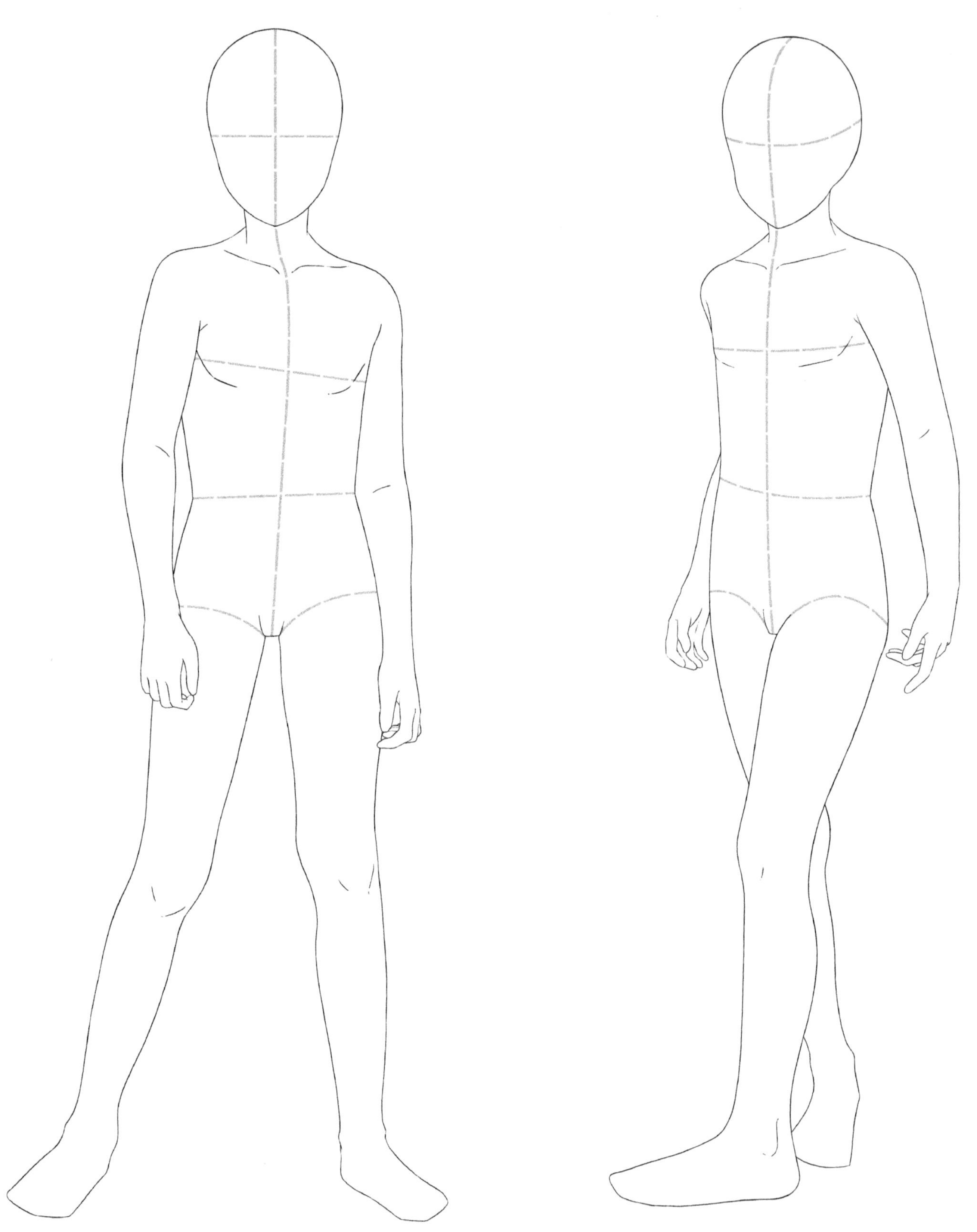

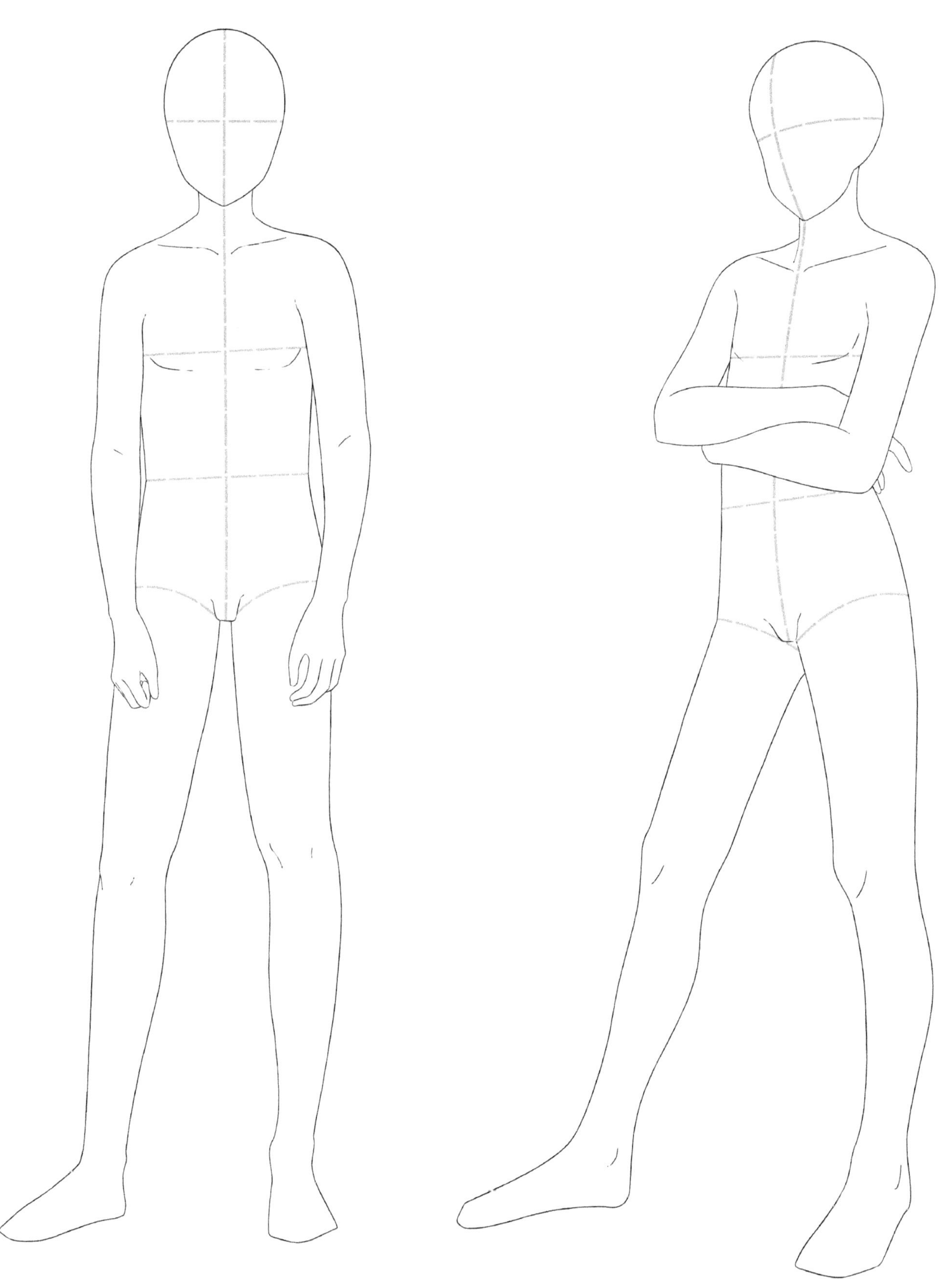

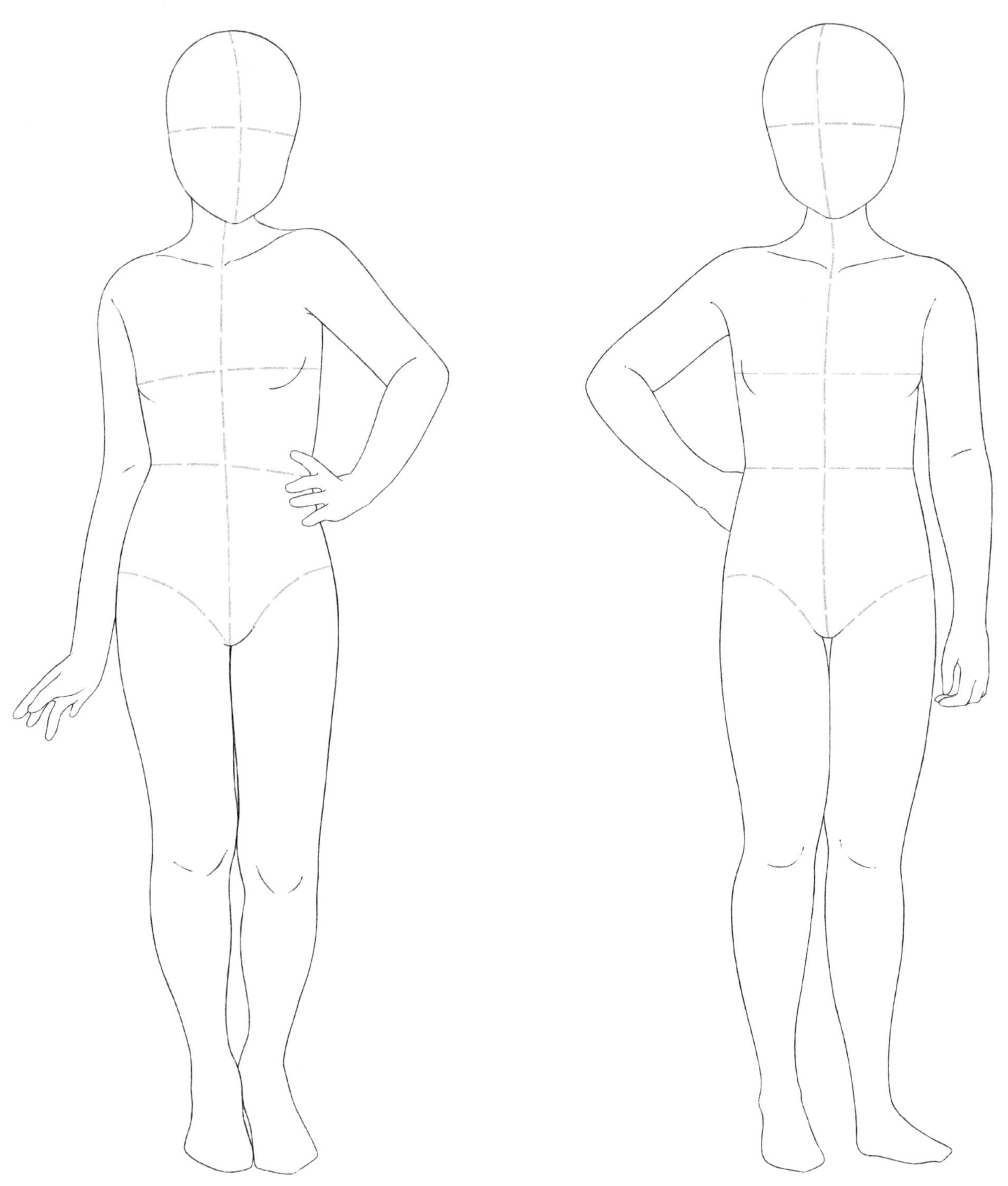

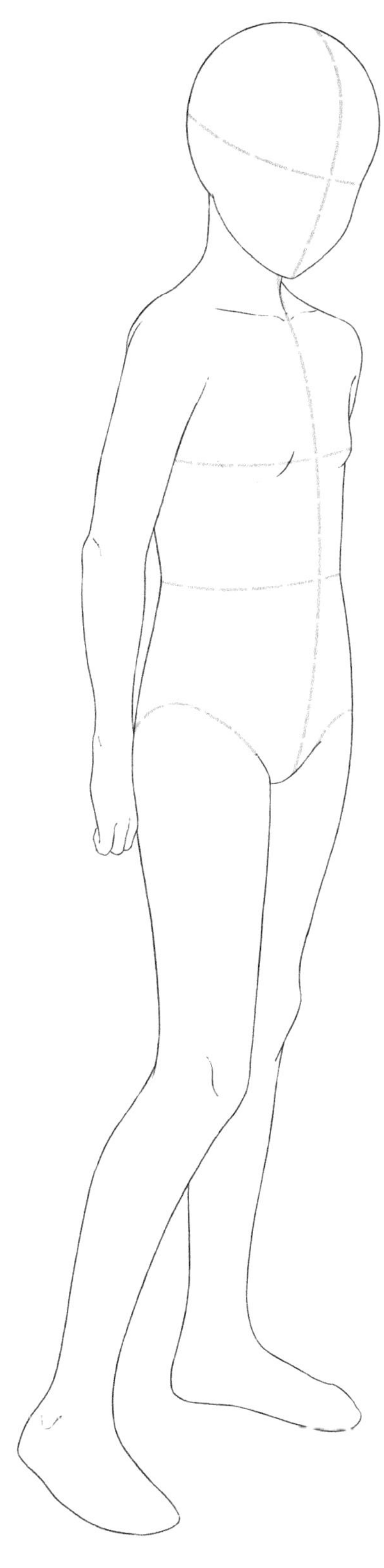
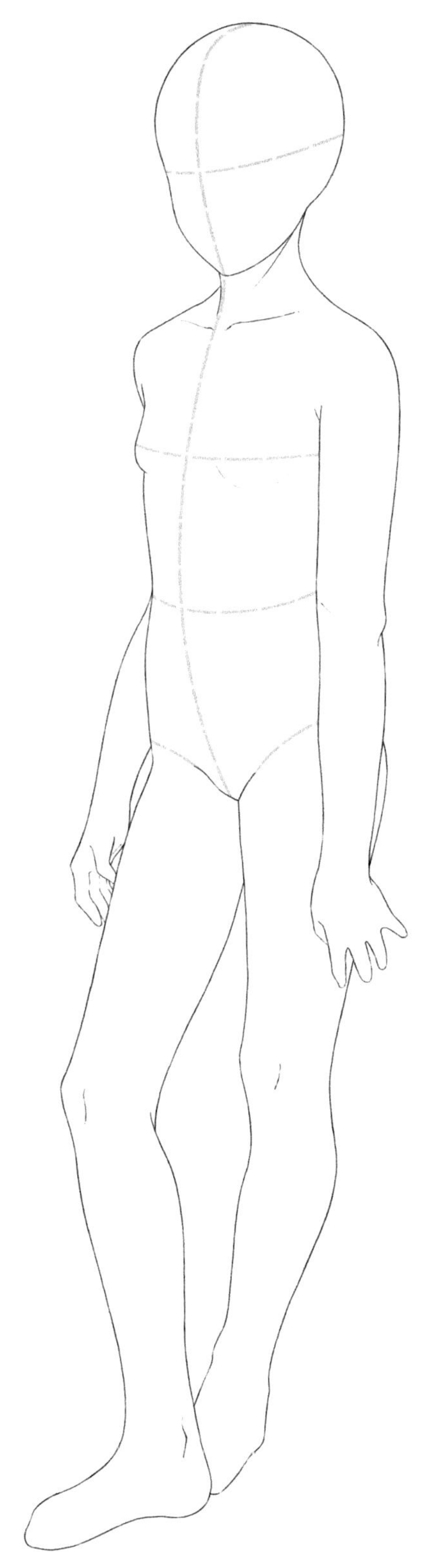

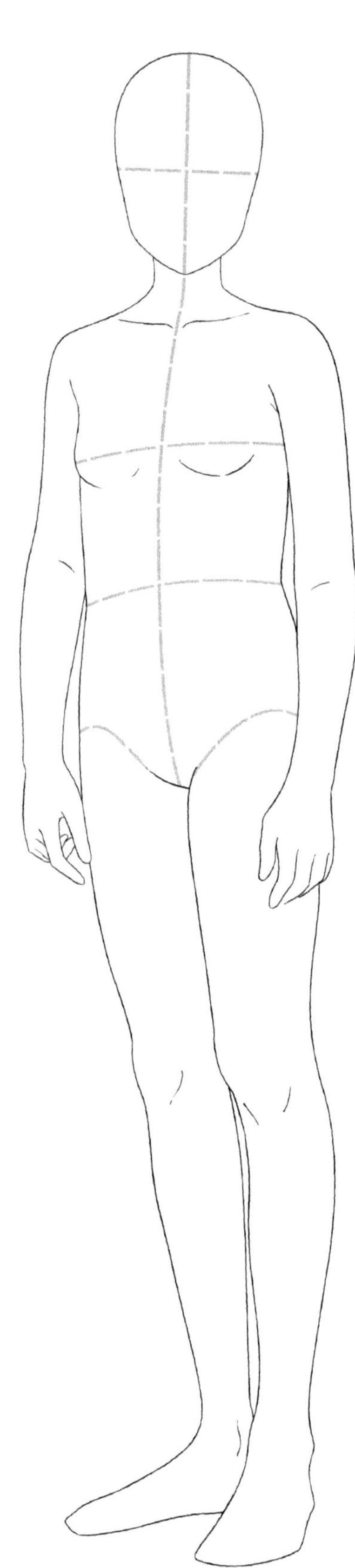
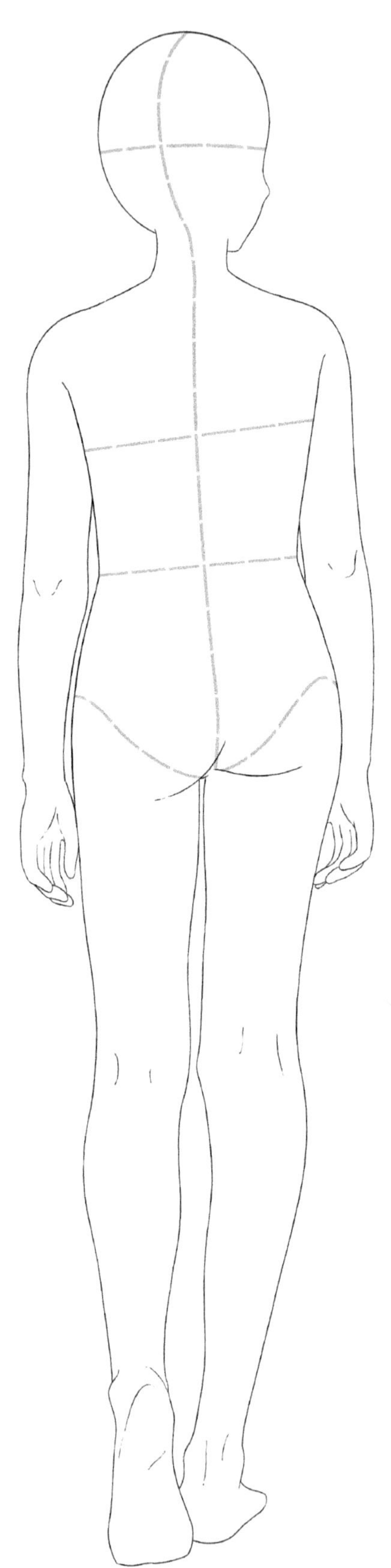

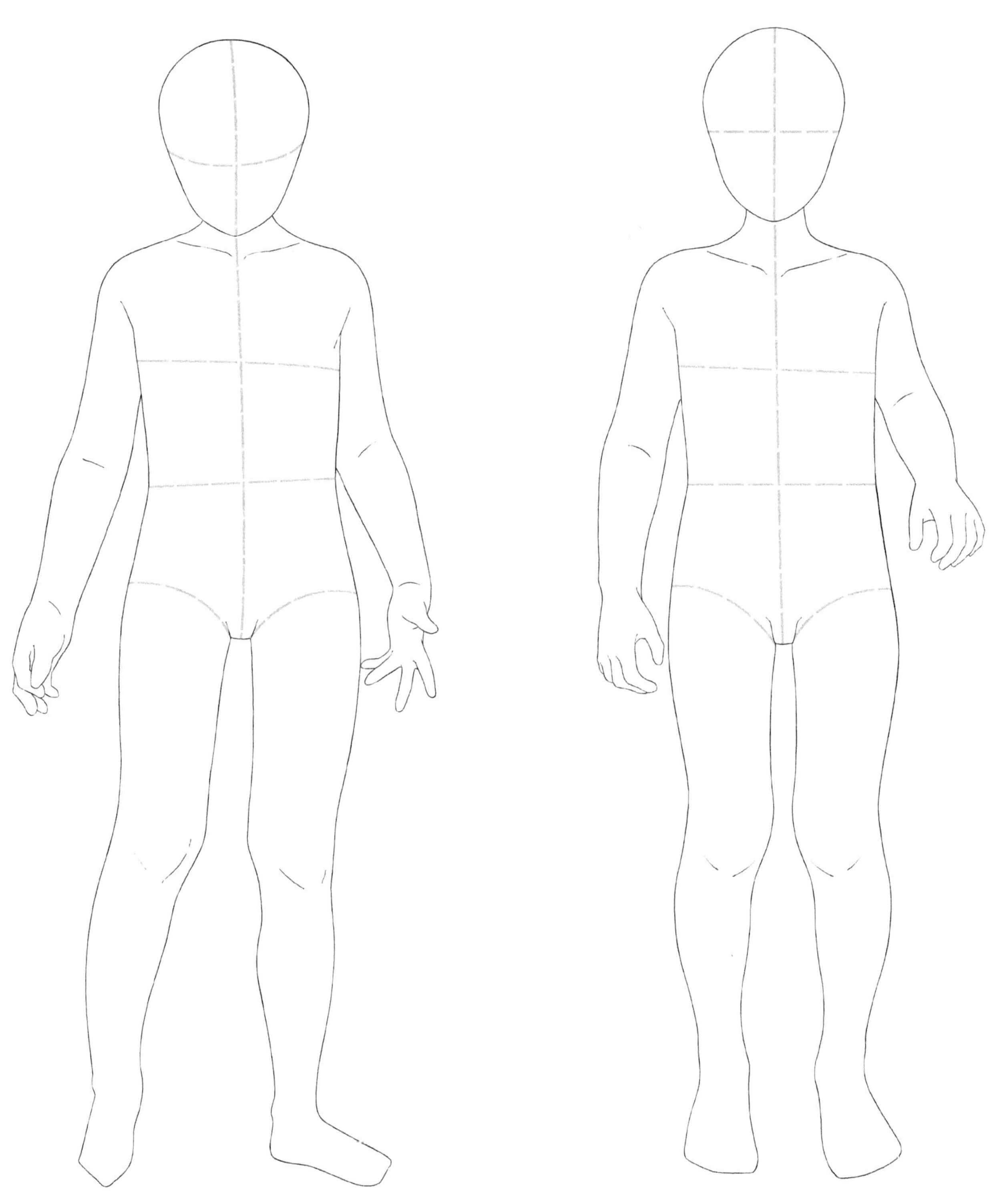

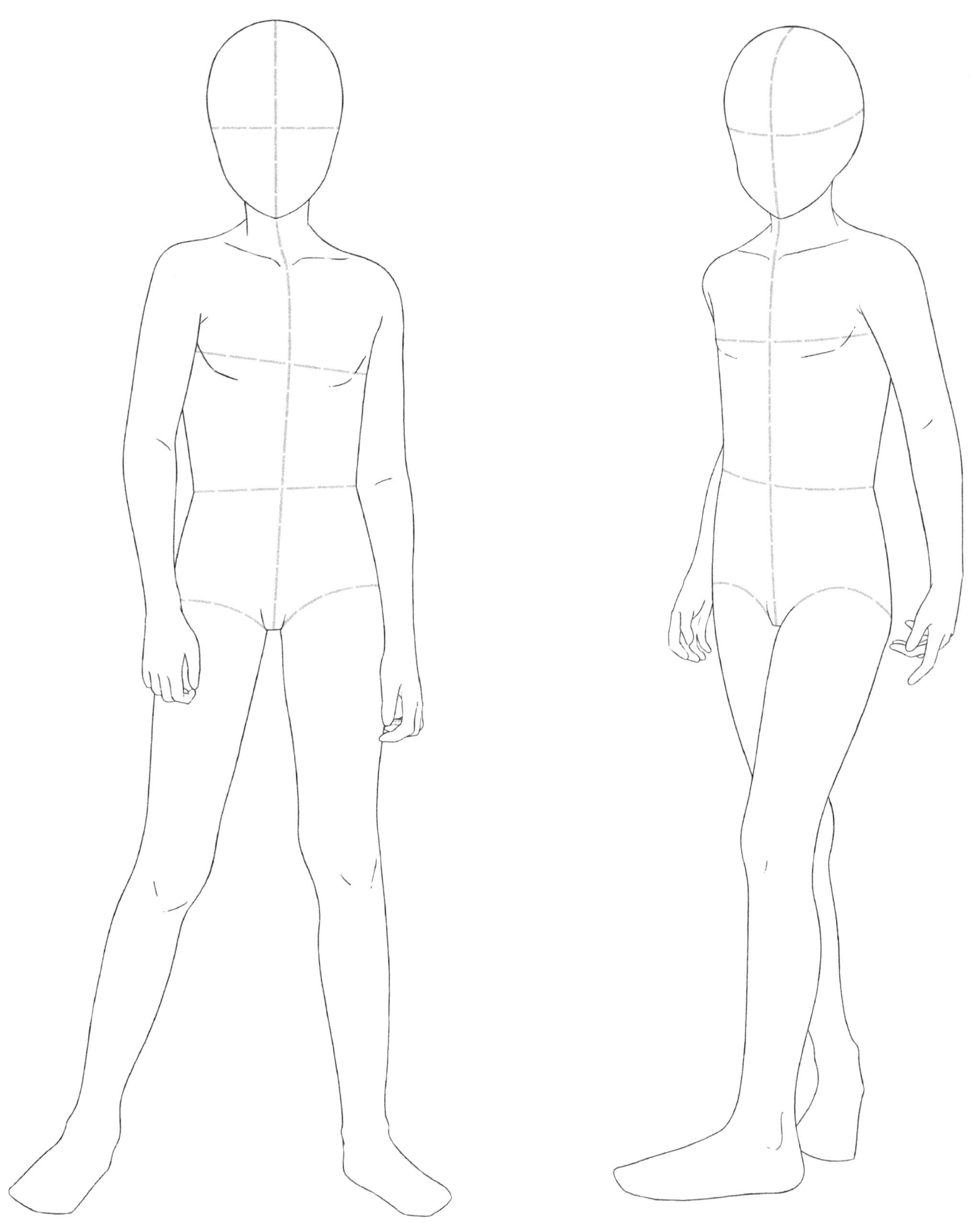

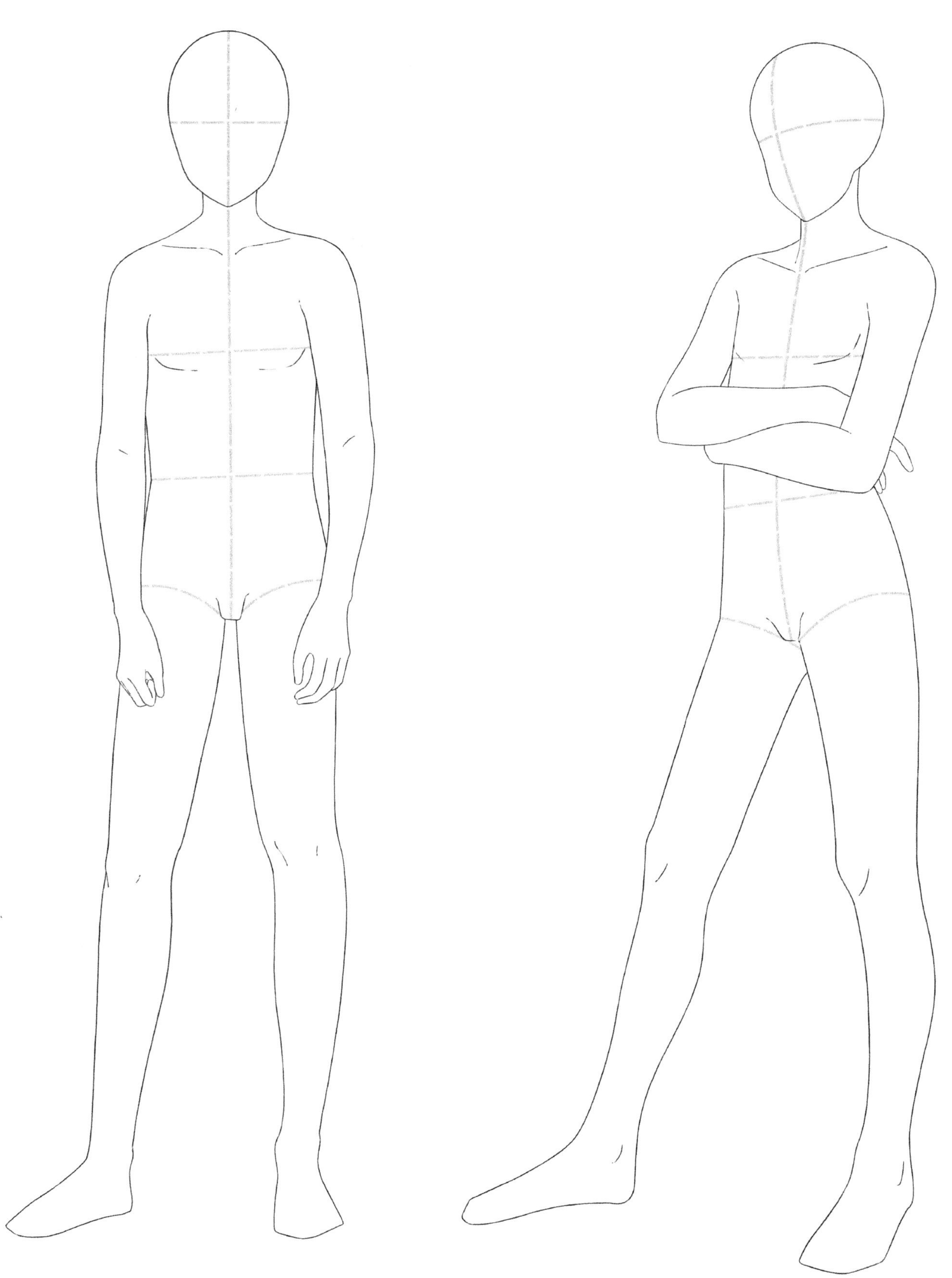

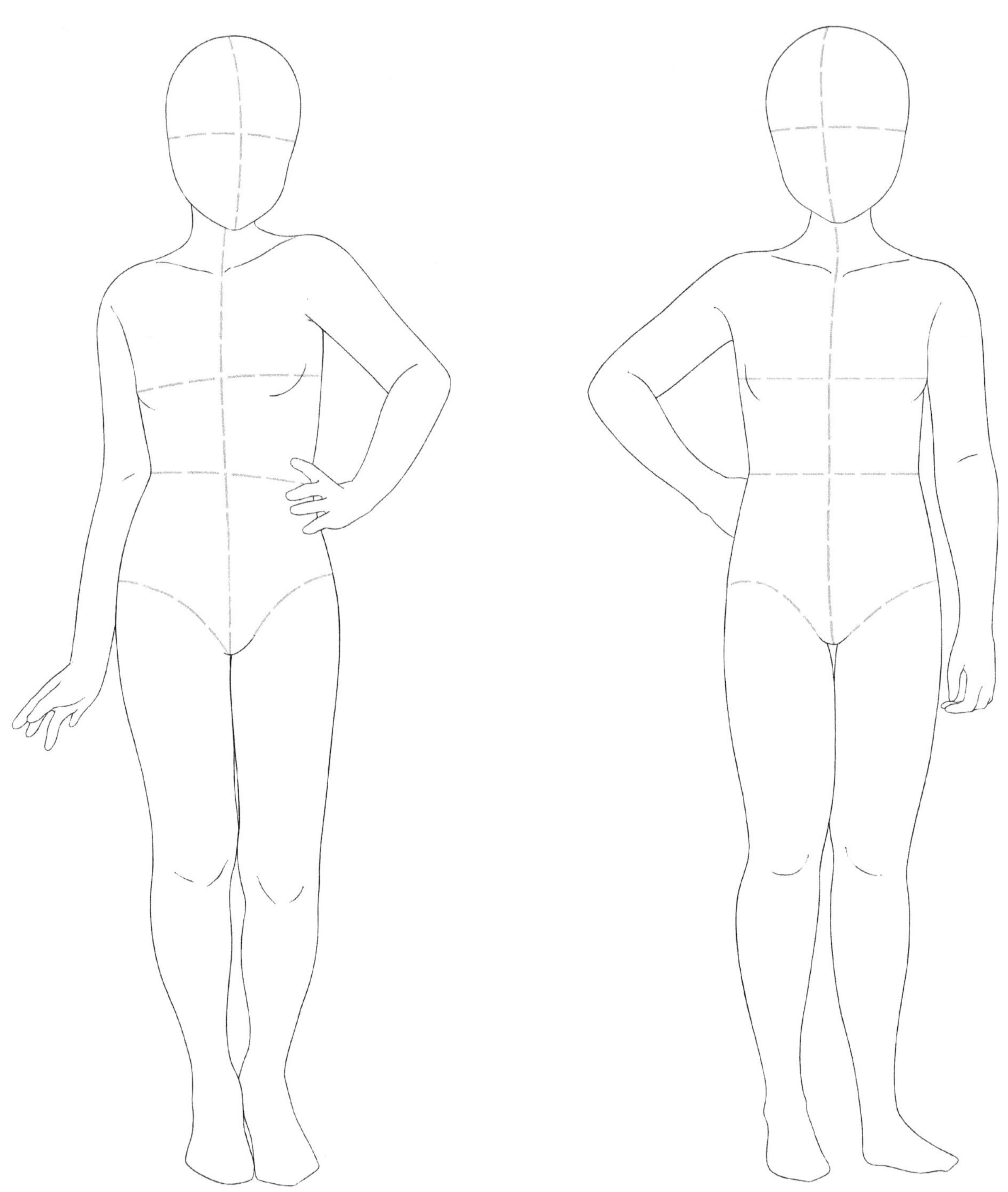

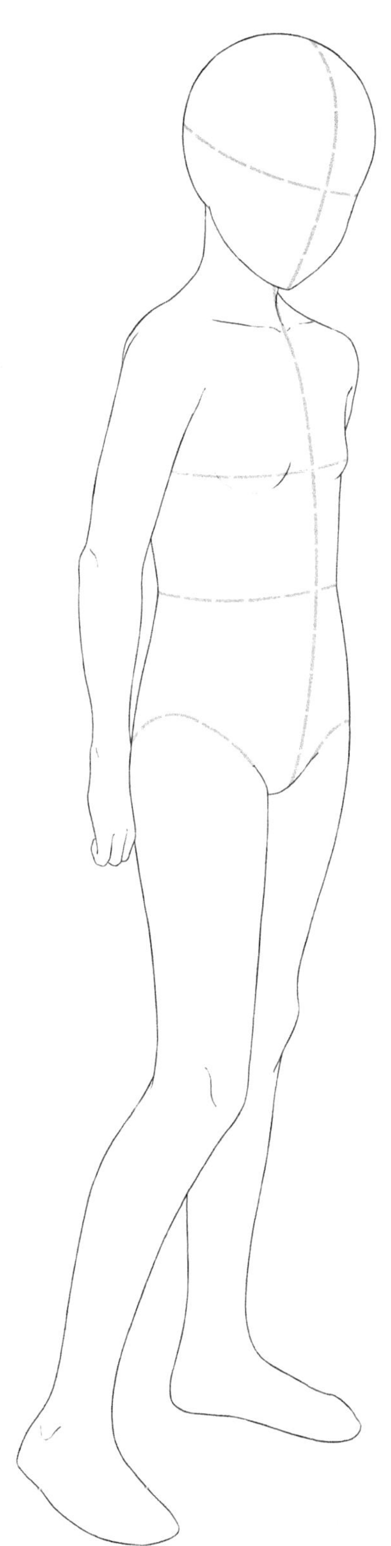
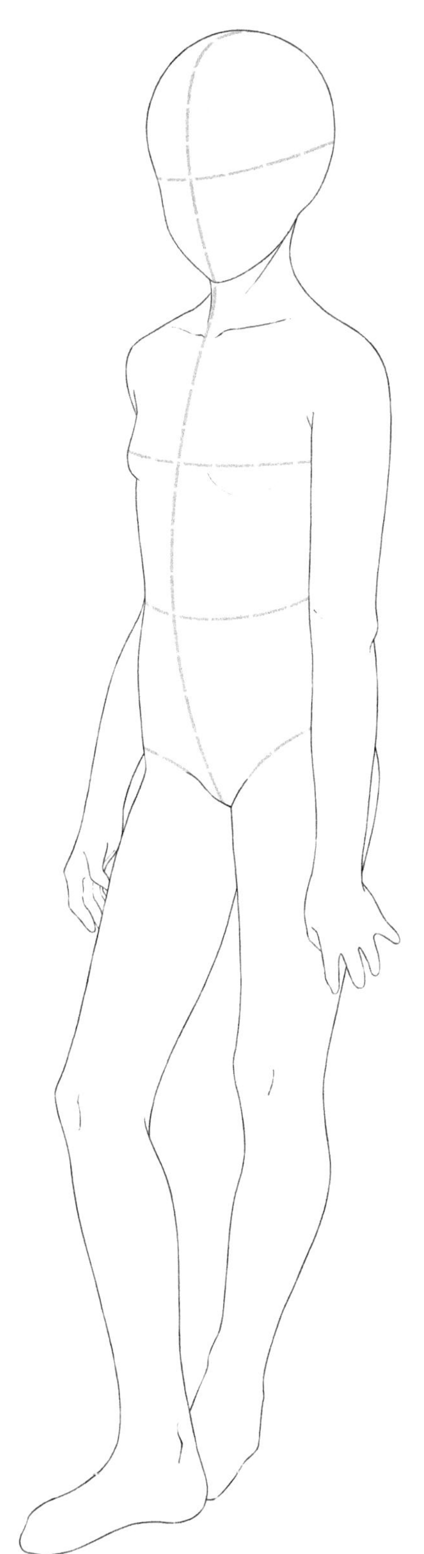

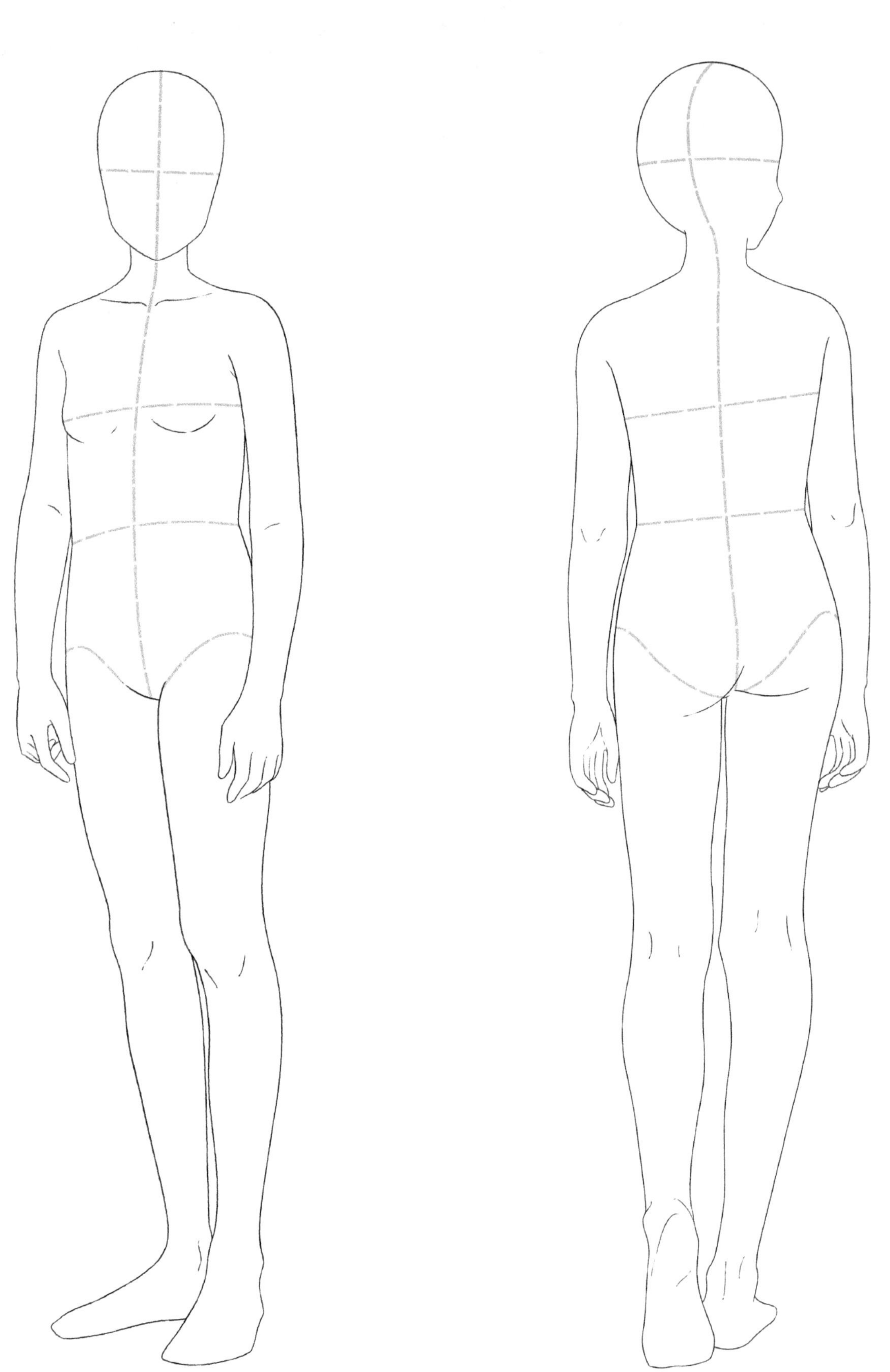

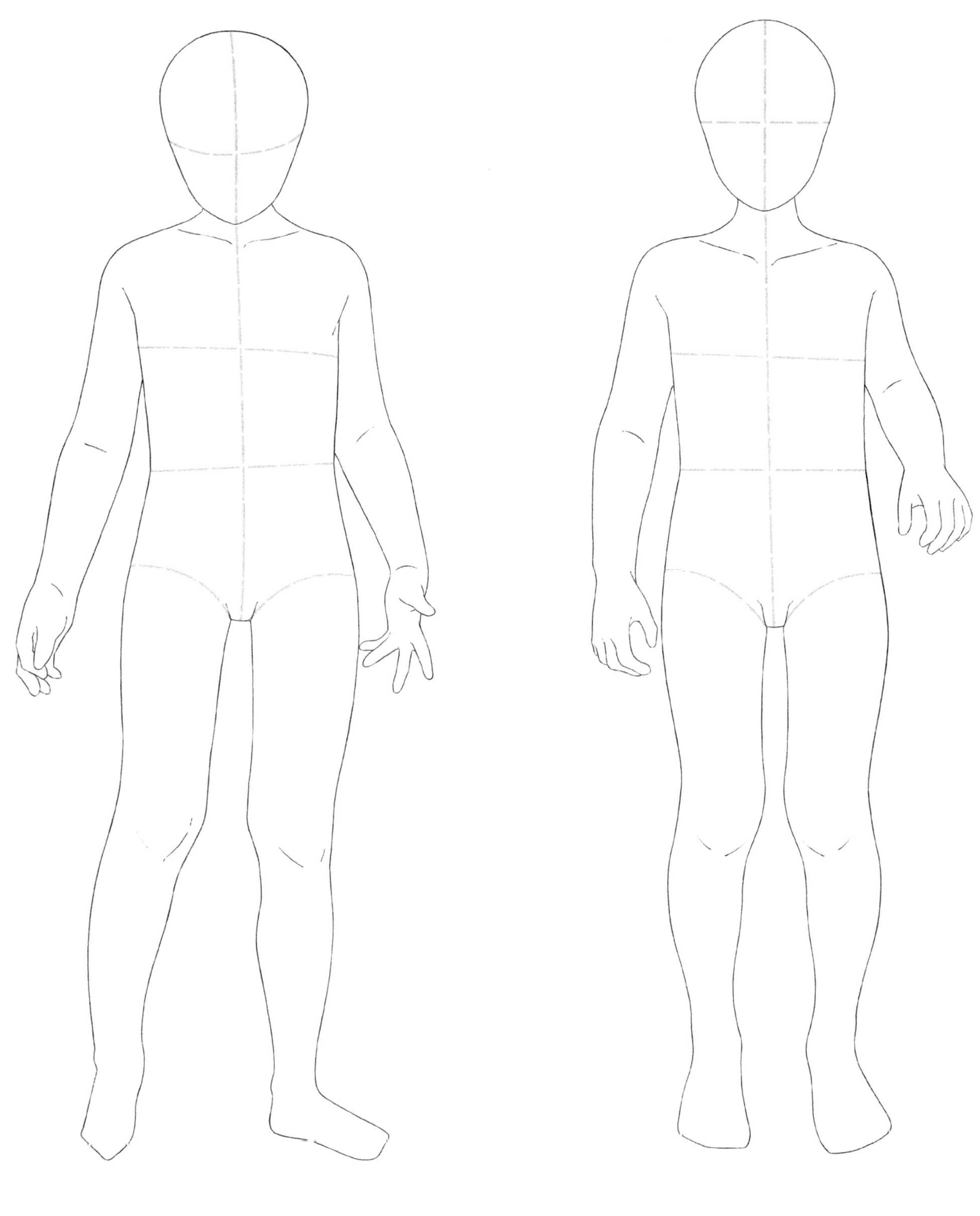

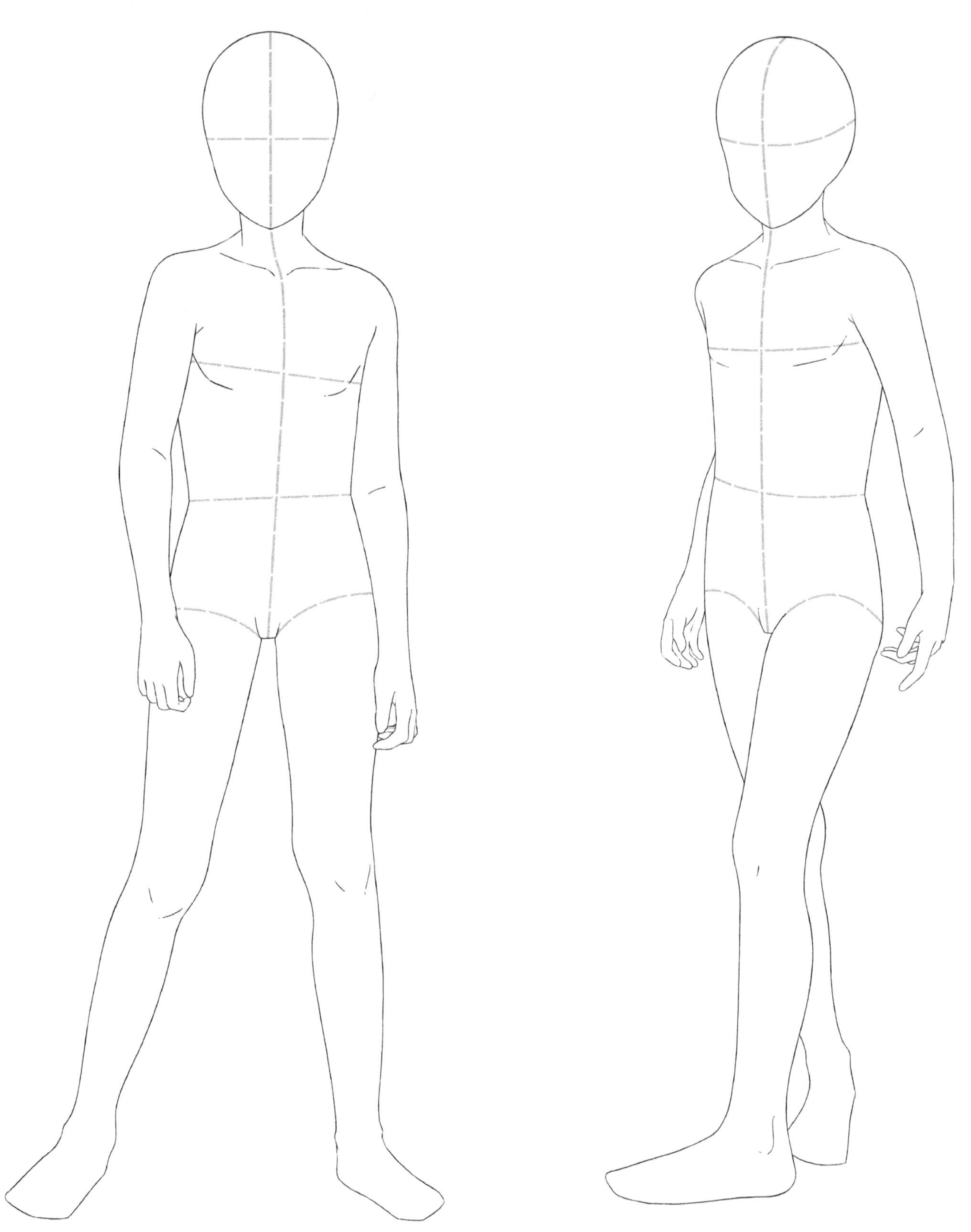

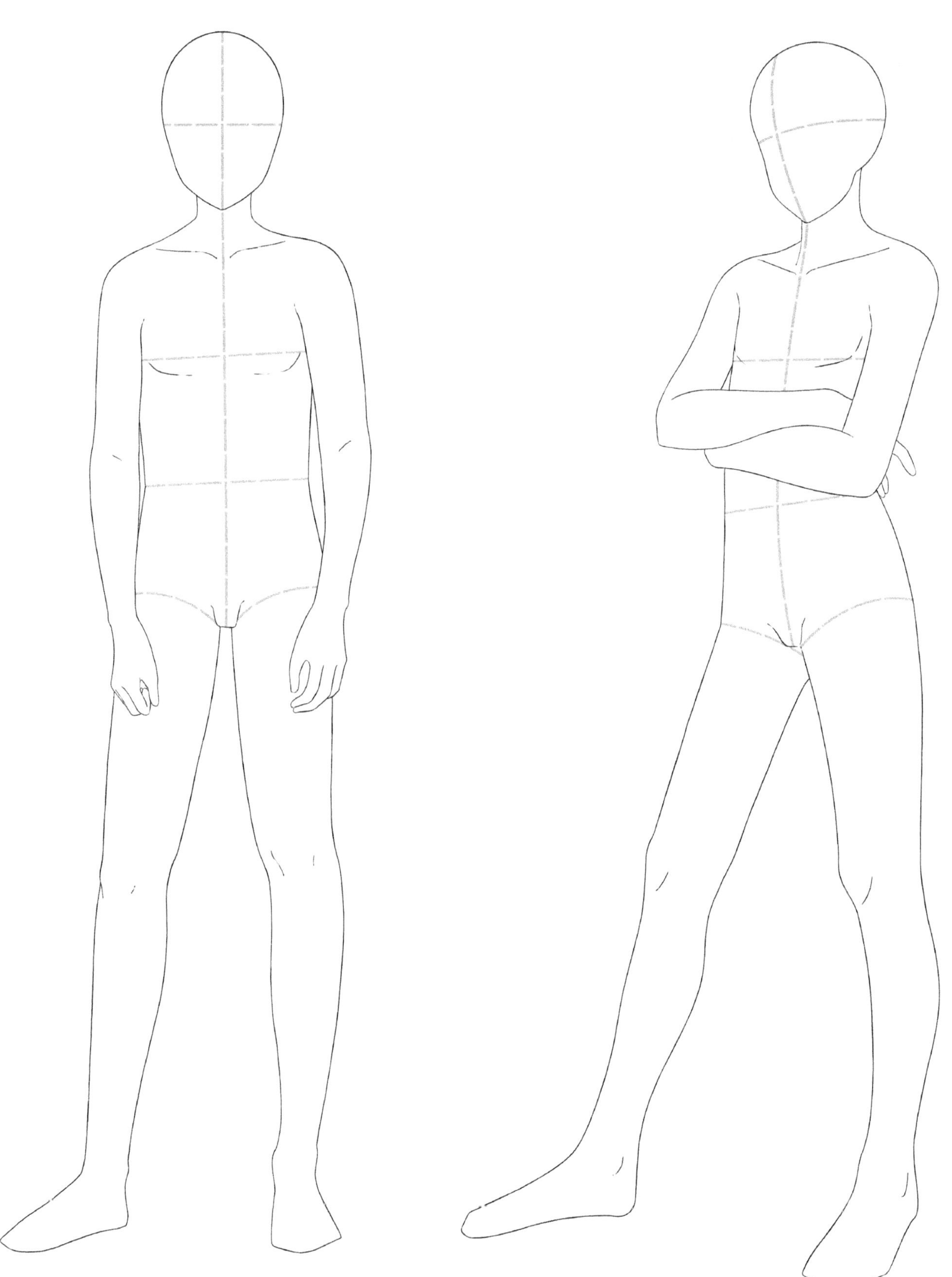

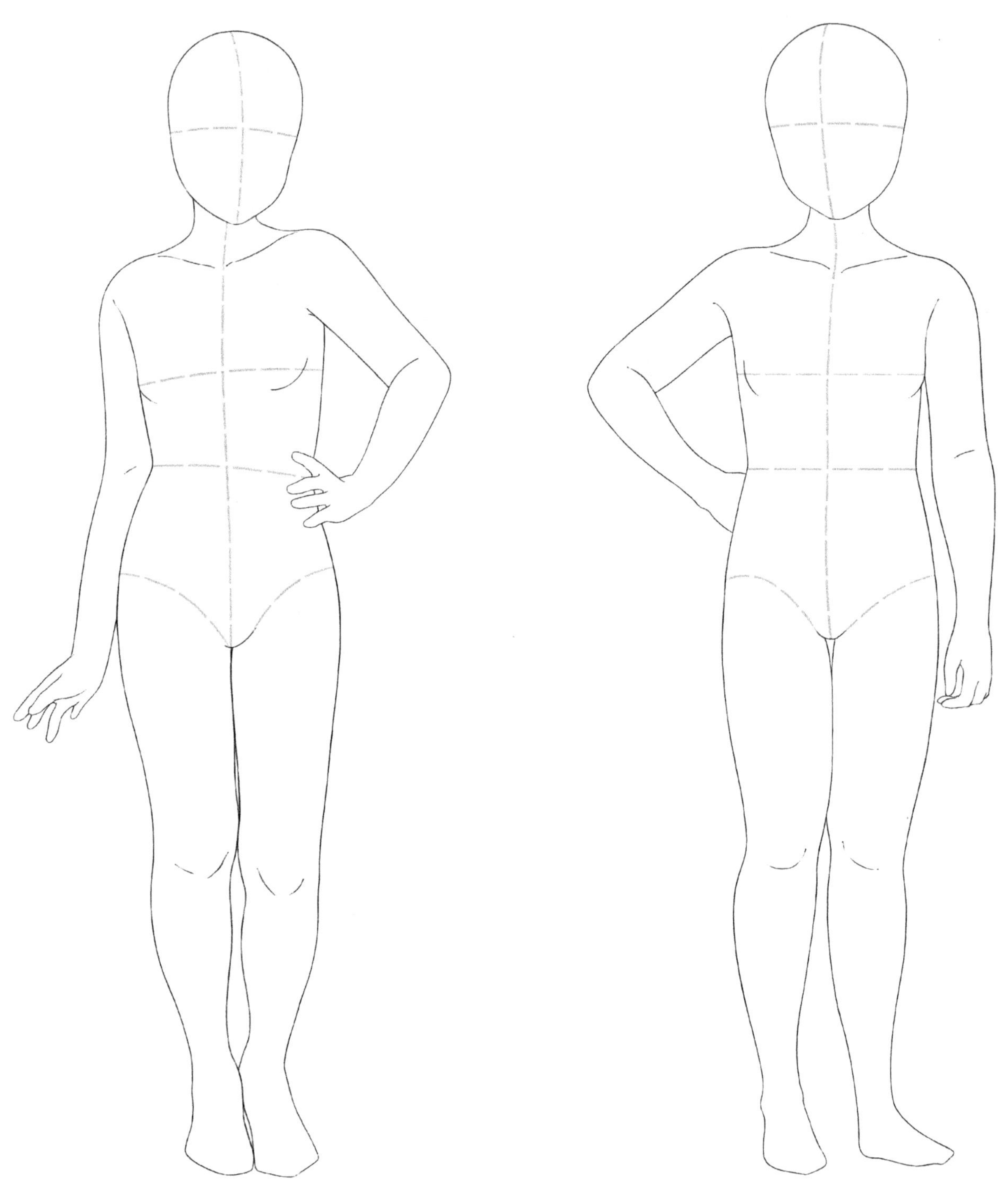

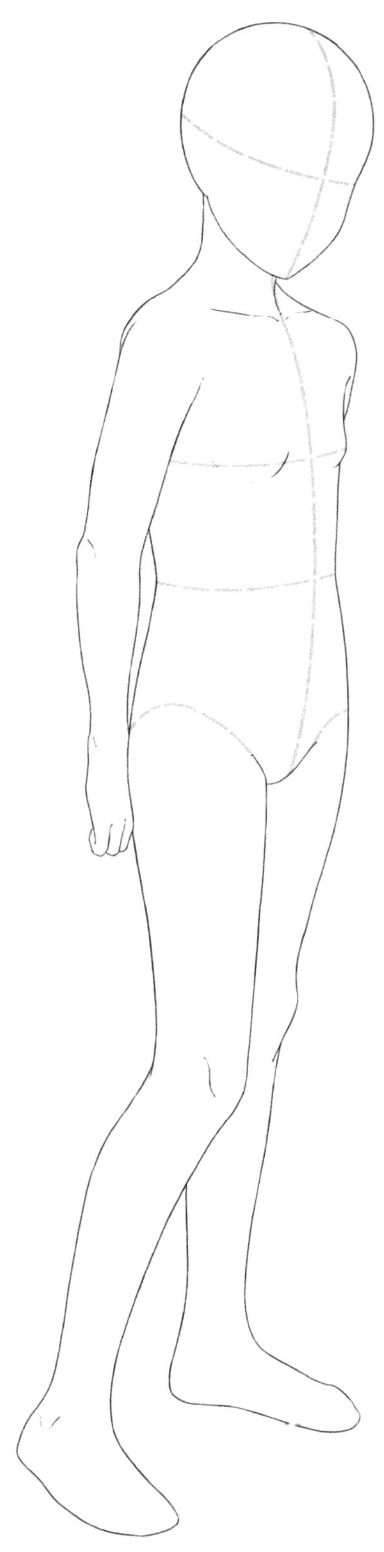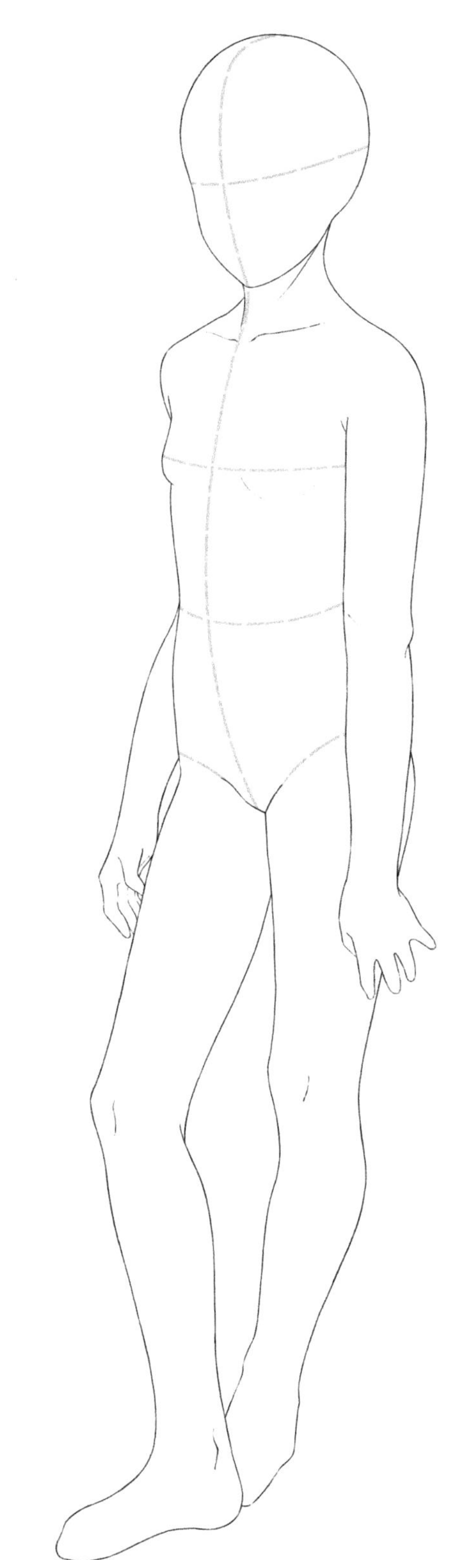

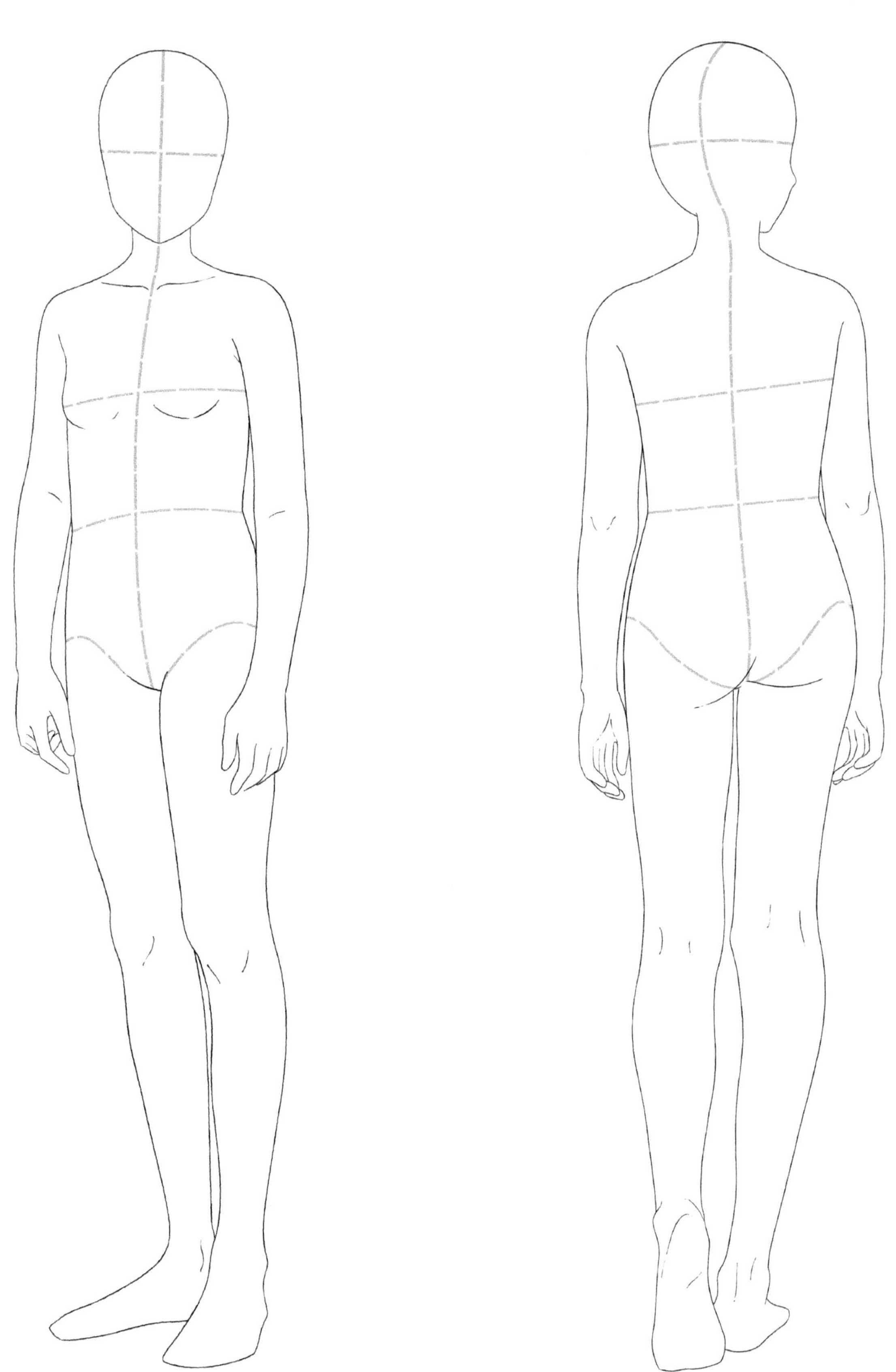

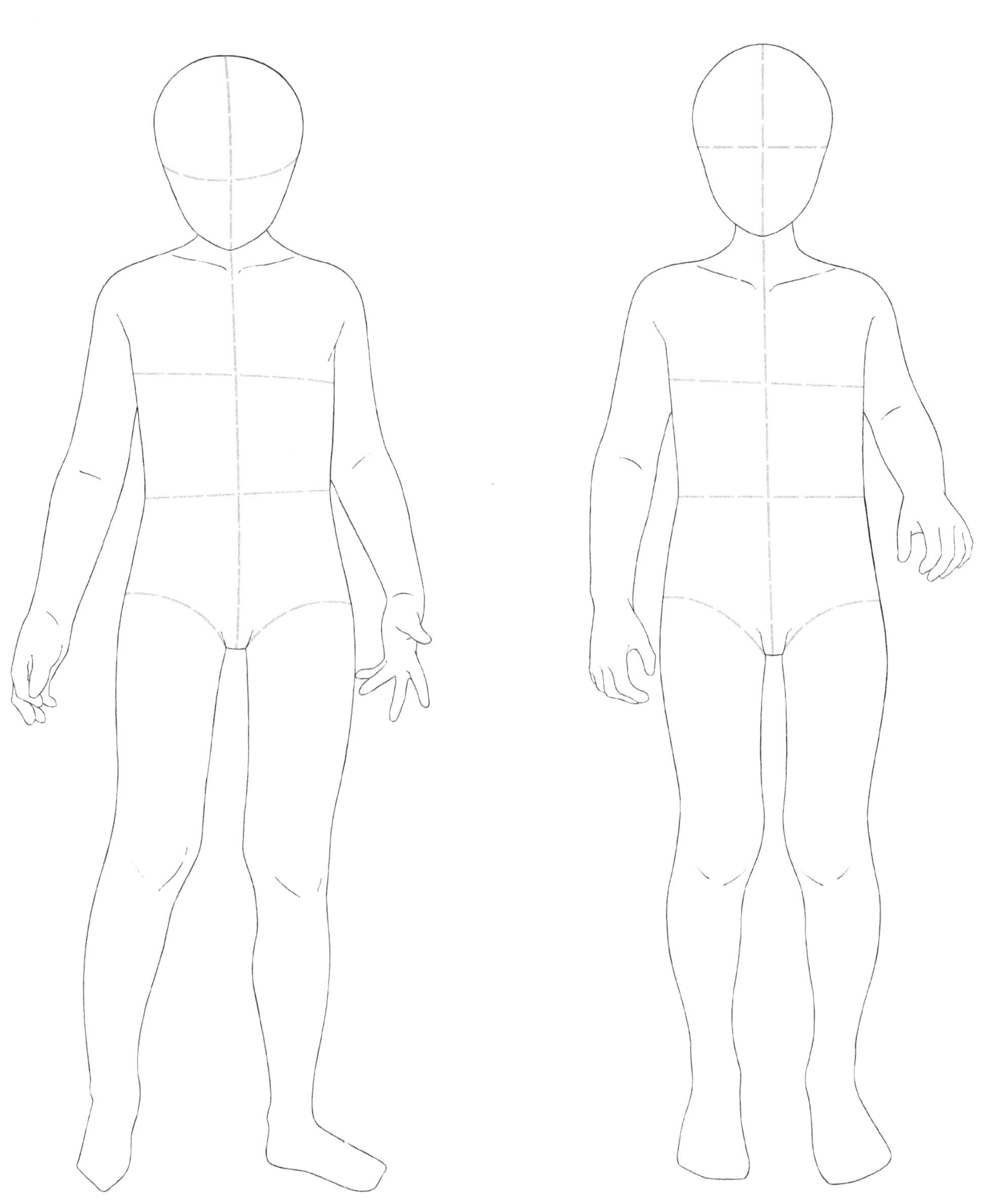

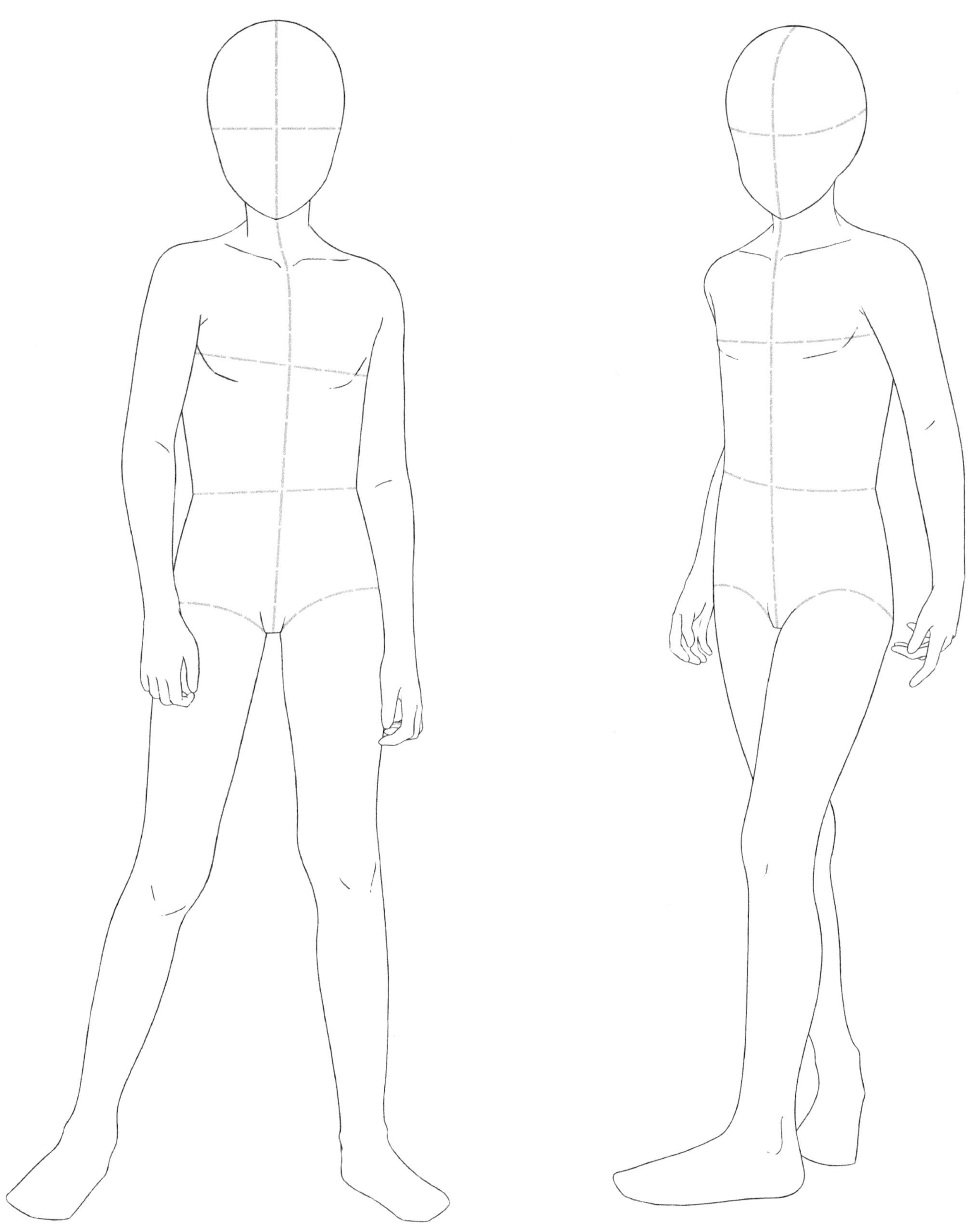

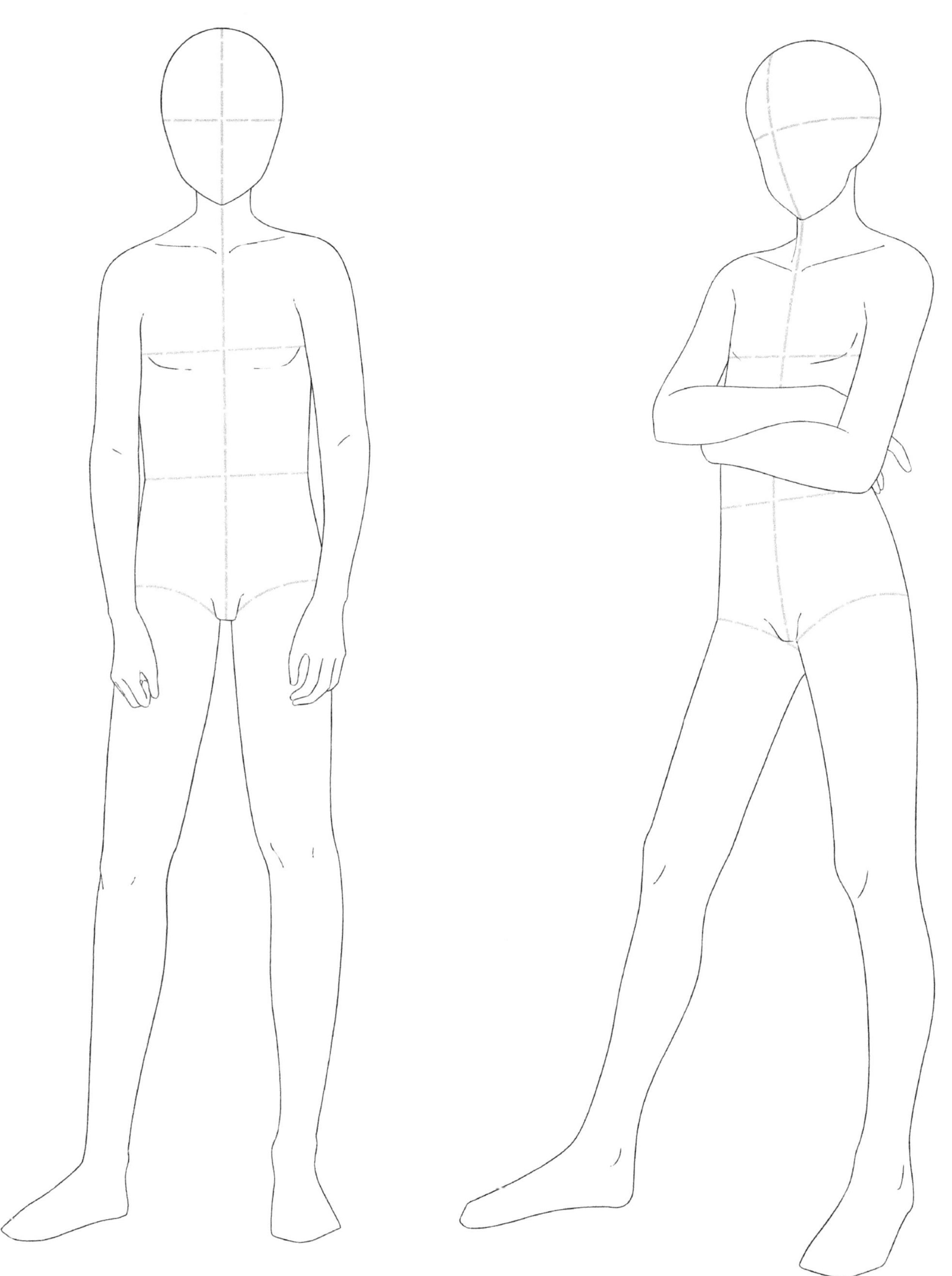